U0111671

大展好書　好書大展
品嘗好書　冠群可期

武術特輯
3

中國跆拳道實戰100例

岳維傳／著

大展出版社有限公司

中國跆拳道 **CHINESE TAEKWONDO**
實戰 100 例

天行健，君子以自強不息

目　錄

3

추 천 사

岳사범은 일찍이 태권도 종주국 한국에서 태권도를 수련한 바 있으며 정의 사회를 구현하는 경찰로서, 항상 연구하는 자세로 삶을 영위하는 태권도 사범으로서 훌륭한 인생의 길을 걸어가고 있습니다.

岳사범이 저술한 이 책은

올림픽이상을 구현하는 태권도,

자기극복의 고매한 무도적 가치관을 실현하는 태권도,

우리들의 삶의 현장에서 태권도 정신이 함께 숨쉬는 태권도로 발전하기 위한 研究書로서 중국 태권도인들에게 많은 도움이 될 것입니다.

그 간의 중국 태권도 수련이 지도자의 자의적 지도방식에 의존함으로써 통일성이 없고 체계성이 부족했다는 점에서 이 번에 발간된 이 책은 실전 태권도의 체계를 세우는 새로운 장을 여는 최초의 연구서적이라는 것에 큰 의미가 있는 것입니다.

앞으로 이 책이 중국 태권도의 발전에 많은 도움이 될 것으로 사료되어 널리 추천하고자 합니다.

推 薦 書

岳先生從事公安職業，很早以前他來到跆拳道的宗祖國—韓國，學習訓練跆拳道。他努力鑽研跆拳道，領悟跆拳道之精髓，打開了優秀的人生道路。

岳先生的這本書，論述了跆拳道的價值觀，以及跆拳道精神在我們現實生活中的關係。這本書對中國跆拳道愛好者將會有很大的幫助。

過去，中國跆拳道指導者們在教學過程中指導方式的統一性、體系性弱。這書意味著，為跆拳道體系性的建立提供最新的、最初的研究參考書籍。

今後希望這本書成為中國跆拳道發展的最好的書籍，推進中國跆拳道的發展。

www.yeollin跆拳道研究所所長：金錫蓮
2002年2月5日

2002년 2월 5일

열린태권도 연구소장

金 錫 蓮

4

序 PREFACE

　　跆拳道起源於朝鮮，是一種動作簡單、直接、實用，以技擊格鬥為核心，以修身養性為基礎，以磨練人的意志，振奮人的精神為目的的奧運會正式比賽項目。

　　岳維傳總教練十年來一直致力於跆拳道運動的普及教學工作，他在認真總結中外跆拳道高手成功方法的基礎上，並結合自身刻苦學習摸索出來的具有創造力的心得體會，精心編著了這本《中國跆拳道實戰100例》，它是所有跆拳道愛好者不可不讀的專業性指導書籍，並可預見它必將為中國跆拳道運動的發展做出卓越的貢獻。

　　在我的眾多學生中，岳維傳總教練是一位為人正直、待人誠實、嚴以律己、充滿激情的人，在他身上體現出的這些傳統美德和取得的非凡成就讓我十分敬佩。

　　憑著對跆拳道運動的執著追求和非同常人的刻苦訓練，岳維傳總教練在跆拳道上取得了令人矚目的成功。他曾獲得過雲南省跆拳道比賽冠軍，經他訓練的運動員有20餘人次先後在全國、省、市各級跆拳道比賽中獲得冠、亞軍和前6名以上成績。在1995年他還作為我國首批跆拳道赴韓訪問團成員，到韓國進行交流學習，取得了優異的成績，獲韓國文體部、韓國跆拳道協會頒發的「優秀跆拳道教練員」證書。

　　不僅如此，在長期練習跆拳道的過程中，跆拳道運動所蘊含的深厚文化內涵在他身上也得到完美體現。跆拳道在強身健體的同時更講究感化人的心靈，培養人的高尚情操和良好品德，不斷使人超越平凡，追求卓越。正因為如此，他在書畫藝術領域也取得非凡的成就，曾多次在雲南省、西南地區甚至全國組織的書畫比賽中獲獎，並有多幅作品被國內知名美術館、博物館收藏。

　　從他身上我們深刻地感受到了跆拳道運動無窮的魅力，而他本人則更是把跆拳道「堅韌不拔，自強不息」的精神體現到極致。

　　這本《中國跆拳道實戰100例》是繼《中國跆拳道》一書出版後又一本論述跆拳道實戰技巧的理想範本。

　　在本書出版之際，我借此機會以百分之百負責任的態度向大家鄭重地推薦它。

中國跆拳道發起人之一
(香港)TOM.COM集團
風馳傳媒首席執行官

習武見精神
拳壇育新人

賀岳維同志"中國跆拳道"一書出版

鍛煉体魄
鑄造意志

罗国权
2002年8月

賀：岳維傳同志《中国跆拳道实战100例》出版

開展跆拳道運動
提高競技水平

许昌
2002年8月

習武壯體
報效祖國

強身悟理

梁宗华
2004年8月26日

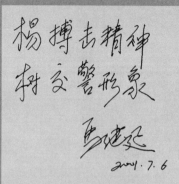

楊搏击精神
树交警形象
2004.7.6

强身健体
建设中华
2002.8.28.

贺：岳维传同志《中国跆拳道实战100例》出版

自强不息 技精益民
强身健体 发扬光大
法维华 2002年8月80

贺：岳维传同志《中国跆拳道实战100例》出版

勇者无畏 仁者无敌
2002年5月

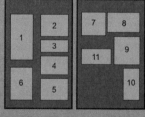

岳维博教练雅正：
宏揚跆拳道
余國森
二零零二年三夕

1. 雲南省關心下一代工作委員會主任：劉樹生
2. 共青團雲南省委員會書記：羅國權
3. 雲南省體育局局長：許昌
4. 雲南省公安廳副廳長、昆明市公安局局長：張思祥
5. 共青團雲南省委副書記：梁宗華
6. 雲南省公安廳廳黨委委員、廳政治部主任、廳機關黨委書記：郭軍
7. 雲南省交通警察總隊總隊長：馬繼延
8. 昆明市人民政府副市長：艾遠津
9. 中國武術協會委員、雲南省武術協會副主席、秘書長：任繼華
10. 世界跆拳道聯盟黑帶七段師範（國技院）、韓國跆拳道正道館（香港）支館長：余國森
11. 《拳擊與格鬥》雜誌社編輯部主任、格鬥版主編、中國武術協會委員：鄧延成

先生《中国跆拳道》新知签名

《中国跆拳道》岳维传先生著
向希望工程·儿童福利院·民警困难救助基金
捐赠·￥4000.00元
2001年·昆明新知图书城

中韓交流

中국 군명시 태권도 시범단 연수차 내한

8

■ 作者簡介

1988年　參加公安工作

1989年　榮立個人三等功一次
　　　　書法作品在雲南省「金蛇杯」青年書法大獎賽中獲佳作獎
　　　　師從李踐先生開始學習跆拳道

1990年　加入中國共產黨
　　　　被雲南省政法委普法辦公室、宣傳部、司法廳評為全省普法先進個人
　　　　美術作品參加貴陽、桂林、重慶、成都、昆明四省區五市職工第三屆中國畫聯展
　　　　書法作品在成都、昆明青年書畫大賽中獲三等獎
　　　　美術作品在雲南省公安廳慶祝中國共產黨建黨69周年攝影、美術、書法展覽中獲優秀獎

1991年　被雲南省公安廳交警總隊評為優秀交通警察
　　　　國畫作品參加「中日當代書畫家作品肇慶邀請展」，作品被廣東美術館收藏

1992年　被雲南省公安廳交警總隊評為優秀交通安全宣傳員
　　　　榮獲「康元杯」雲南省首屆跆拳道錦標賽64公斤級冠軍

1993年　被雲南省公安廳交警總隊評為優秀交通安全宣傳員
　　　　被雲南公安報社、雲南省公安廳交警總隊評為優秀通訊員

1994年　書法作品參加紀念毛澤東同志誕辰100周年書法篆刻展，作品被西安碑林博物館收藏
　　　　受聘擔任雲南省第九屆運動會開幕式大型文體表演《雲嶺春潮》第四場《人勤春早》的跆拳
　　　　道表演創編工作（500人）
　　　　被雲南省九運會組委會評選為先進個人
　　　　參加第一屆全國跆拳道裁判員、教練員培訓班
　　　　受聘擔任第三屆中國西南地區消防運動會開幕式大型文體表演《五彩盾》第一場《警律》的
　　　　跆拳道表演創編工作（300人）

1995年　受韓國體育文化部邀請到韓國進行考察、學習，獲大韓跆拳道協會頒發的認證書
　　　　昆明師範高等專科學校中文秘書專業畢業

1996年　被國家體委評為一級社會體育指導員
　　　　參加第四屆全國跆拳道裁判培訓班

1997年　榮立個人三等功一次
　　　　被雲南省人事廳評定為體育二級教練
　　　　受聘擔任「迎香港回歸昆明市全民健身宣傳周」昆明健身演武大會跆拳道表演的創編工作
　　　　（80人）
　　　　書法作品在雲南省公安廳交警美術、書法、攝影比賽中獲二等獎

1998年　參加國家級社會體育指導員培訓班
　　　　參加第五屆全國跆拳道新規則學習班
　　　　受聘擔任中國人民武裝警察8750部隊跆拳道總教練
　　　　受聘擔任春城旅遊節「盤龍杯」跆拳道比賽秘書長兼總裁判長
　　　　受聘擔任雲南省跆拳道隊領隊兼教練參加全國跆拳道比賽
　　　　被國家體育總局評為國家級社會體育指導員

1999年　書法作品入選「紀念孔子誕辰2550年書畫大展」
　　　　受聘擔任雲南省跆拳道隊領隊兼教練參加全國跆拳道比賽
　　　　擔任「風馳杯」雲南省跆拳道比賽秘書長兼總裁判長

2000年　受聘擔任雲南省跆拳道隊領隊兼教練參加全國跆拳道比賽
　　　　書畫作品在「中國書畫名家大展」中獲精品獎
　　　　書法作品在千年龍文化國際書畫大展賽中被評為銀獎
　　　　書畫作品在中國書畫「畫聖杯」大獎賽中獲「畫聖」獎，作品被翰墨書畫院收藏
　　　　書畫作品入選新千年中韓美術交流展

2001年　第一部跆拳道專著《中國跆拳道》由北京體育大學出版社出版發行
　　　　南京藝術學院設計藝術學研究生課程進修班畢業

2002年　第二部跆拳道專著《中國跆拳道實戰100例》由人民體育出版社出版發行
　　　　經國際美術家聯合會審核，書法通過ISQ9000A資質認證和ISC2000藝術品價值
　　　　評定並獲「知名書法藝術家」稱號

　　《中國跆拳道實戰100例》雖已出版，但實戰中所出現的情況和所採用的技術何止100例呢？書中所列舉之實戰方法和技術無非是我自己在10餘年教學和訓練過程中的一點體會和一些常見的基本概況罷了！懇請廣大學員和教練切勿照搬照學，因此而限制了自己創造性的發揮，造成之後果，實為我不願意看到的，若真如此，我將深感不安而唯存遺憾！現拋售跆拳道實戰100例只是一磚而已，望能由此而得玉，實是本人寫作之初衷！

　　跆拳道實戰是跆拳道訓練的最高境界，是深刻理解和詮釋跆拳道精髓最直接的方式。跆拳道運動講究的是「以禮始，以禮終」，整個訓練和學習中所強調的是戰勝自己，而非戰勝別人。我們所面對的一切都是我們自己的問題，因為我們膽小、懦弱、害怕困難，害怕承擔責任的弱點是與生俱來的。如何改變它，讓我們振作起來、自信起來，真正地戰勝自己，戰勝我們自身所存在的膽小、懦弱、害怕困難的缺點呢？這就是跆拳道的精髓！這就是跆拳道實戰訓練的關鍵！跆拳道的實戰就是把我們自己放置到一個特殊的環境中，讓我們自己直接面對輸贏！讓我們在有限的時間中（每場比賽3局，每一局3分鐘，中間休息1分鐘，共計11分鐘）去完成、去達到這一目標。透過與對手的交鋒，衡量和測試出我們自己的能力。在這明確的目標下、有限的時間裏，我們獨自一人將在賽場上面對我們的對手、面對自己的弱點，我們毫無退路，沒有任何人能幫你，這完全是你自己的事，只有你自己去解決，自己去完成，不管對手是誰、對手有多強大，你首先要戰勝的就是你自己。你的膽小、你的恐懼，你如果退卻，結果只有一個：「輸」。如果你勇敢地面對，你雖輸猶榮；如果你是世界冠軍，你所面對的是一個無名小卒，你輕視他、看不起他、甚至是蔑視他，那麼，你的自負和傲慢將是你失敗的必然。因為世間沒有永遠的冠軍、沒有永遠的勝利者，只有永遠奮鬥不息的拼搏者和創造者。因此，我可以負責地對大家說：「跆拳道的實戰實質就是我們人生經歷的一種濃縮、一種昇華，它讓你在每一次的訓練中體會到人生的真諦和人性的美妙。」

　　最後引用《金剛經》的四句偈：「一切有為法，如夢幻泡影，如露亦如電，應作如是觀。」讓我與學習跆拳道的廣大同仁朋友、老師共勉。

需要說明的幾個問題

1. 本書是一本專為希望達到黑帶以上水準運動員而寫的專業性訓練指導書籍。

2. 《跆拳道實戰100例》為跆拳道訓練的高級教材，初學者在學習時，首先應對跆拳道的基本理論和基礎動作有一定的掌握和了解，這樣學習起來會更容易一些。北京體育大學出版社2001年出版的由本人編著的《中國跆拳道》為跆拳道的初級教材。如沒有具備一些跆拳道基本知識和技術直接學習本書內容，恐怕學習中只會事倍功半！

3. 《跆拳道實戰100例》為約定式模擬實戰技法，只是一種訓練方式，而非最終的結果，望廣大教練員和學員要認識清楚，要做到因勢而變，切不可一味照搬照抄。

4. 《跆拳道實戰100例》主要講敘和體現的是實用性和人的悟性。

閉式

5. 《跆拳道實戰100例》中的幾個基本概念閉式：雙方運動員同時以左戰勢或同時以右戰勢相對而立的狀態（如圖）；開式：雙方運動員在實戰中分別出現一方左戰勢、一方右戰勢相對而立的狀態（如圖）。

閉式

6. 本書所列舉之戰例均為腿法之實戰例，並非實際生活中之技術，固沒有列舉頭、手、肩、拳、肘、膝、摔或咬、頂、撞、抓的使用技術，如在現實生活當中，遇到制服歹徒和不法分子時，必當無所約束，快捷、直接應用所有之技術，將不法分子制服方為上策。

開式

7. 常言道「百法有百解，惟快無解」因而實戰當中惟一取勝之法寶實為「快」這一招也。

8. 戰例中的橫踢腿與《中國跆拳道》一書中的輪踢方法一樣，只是名稱改變而已。

開式

9. 連續的攻擊動作均應一氣呵成，連續攻擊，不可停頓遲疑，惟有此方能克敵制勝，掌握主動。

第 1 例　閉式：A方後腳橫踢戰例　攻中段、上段
第 2 例　閉式：A方墊步前腳橫踢戰例　攻中段、上段
第 3 例　開式：A方後腳橫踢戰例　攻中段、上段
第 4 例　開式：A方後腳前踢戰例　攻中段、上段
第 5 例　閉式：A方墊步前腳前踢戰例　攻中段、上段
第 6 例　閉式：A方後腳正蹬戰例　攻中段、上段
第 7 例　開式：A方後腳正蹬戰例　攻中段、上段
第 8 例　閉式：A方後腳劈腿戰例　攻擊上段
第 9 例　閉式：A方墊步前腳劈腿戰例　攻擊上段
第10例　開式：A方墊步前腳劈腿戰例　攻擊上段
第11例　開式：A方墊步前腳勾踢戰例　攻擊上段
第12例　閉式：A方轉身後腳勾踢戰例　攻擊上段
第13例　開式：A方後腳內旋踢戰例　攻擊上段
第14例　開式：A方墊步前腳外旋踢戰例　攻擊上段
第15例　閉式：A方墊步前腳側踢戰例　攻擊中段、上段
第16例　開式：A方墊步前腳側踢戰例　攻擊中段、上段
第17例　閉式：A方轉身後腳側踢戰例　攻擊中段、上段
第18例　閉式：A方轉身後腳後蹬戰例　攻擊中段
第19例　閉式：A方轉身後腳外旋踢戰例　攻擊上段
第20例　閉式：A方轉體180°橫踢戰例　攻擊中段、上段
第21例　開式：A方轉體360°橫踢戰例　攻擊中段、上段
第22例　閉式：A方騰空轉身側踢戰例　攻擊上段
第23例　閉式：A方騰空轉身後蹬戰例　攻擊上段
第24例　閉式：A方騰空轉身外旋踢戰例　攻擊上段
第25例　閉式：A方騰空轉身後勾踢戰例　攻擊上段
第26例　閉式：A方騰空轉身劈腿戰例　攻擊上段
第27例　開式：A方騰空轉身劈腿戰例　攻擊上段
第28例　閉式：A方墊步截踢戰例　攻擊下段
第29例　開式：A方墊步截踢戰例　攻擊下段
第30例　開式：A方後腳攔踢戰例　攻擊下段

第一例

單腳攻擊戰例

閉式：Ａ方後腳橫踢戰例
　　　攻中段、上段

　　A、B雙方呈閉式站立。A方主動
用右後腿的橫踢技術快速攻擊B方，根
據實際情況可分別攻擊B方的中段或上
段。

要求和注意事項：

　　目視對方，出腿要快速有力，受力
點為腳背或腳前掌。攻擊中注意不要踢
到B方的手肘部位，這樣能確保腳背不
會因踢到A方手肘堅硬部位而受傷。

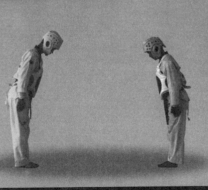

天行健，君子以自強不息。　《易經》

第二例

單腳攻擊戰例

閉式：Ａ方墊步前腳橫踢戰例
攻中段、上段

Ａ、Ｂ雙方呈閉式站立。Ａ方利用墊步快速接近Ｂ方，同時用右前腿的橫踢技術攻擊Ｂ方，根據實際情況可分別攻擊Ｂ方的中段或上段。

要求和注意事項：

目視對方，墊步移動和出腿攻擊要連貫快速，受力點為腳背或腳前掌。

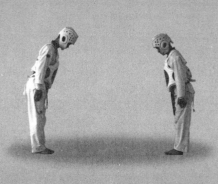

不專心致志，則不得也。　孟子

第三例

單腳攻擊戰例

開式：Ａ方後腳橫踢戰例
　　　攻中段、上段

　　A、B雙方呈開式站立。A
方主動用右後腿的橫踢技術快速
攻擊B方，根據不同情況可分別
攻擊B方的中段或上段。

要求和注意事項：

　　目視對方，出腿要抓住時機
快速有力，受力點為腳背、腳前
掌或腳尖。

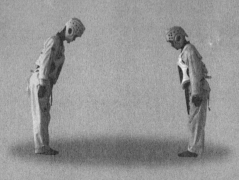

人若志趣不遠，心不在焉，雖學無成。

《經學理窟‧義理篇》

第四例

單腳攻擊戰例

開式：Ａ方後腳前踢戰例
　　　攻中段、上段

　　Ａ、Ｂ雙方呈開式站立。Ａ
方主動用右後腿的前踢技術快速
攻擊Ｂ方，根據實際情況可分別
攻擊Ｂ方的中段或上段。

要求和注意事項：

　　目視對方，出腿要快速有
力，直線攻擊對手，攻擊中段時
主要利用腳前掌，攻擊上段可用
腳尖。

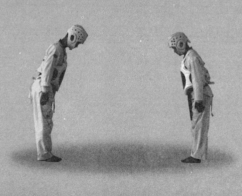

君子惠而不費，勞而不怨，欲而不貪，泰而不驕，
威而不猛。　　《論語.堯曰》

第五例

單腳攻擊戰例

閉式：Ａ方墊步前腳前踢戰例
　　　攻中段、上段

A、B雙方呈閉式站立。A方利用墊步快速移動接近B方的同時，用右前腳的前踢技術攻擊B方，根據實際情況，可分別攻擊B方的中段或上段。

要求和注意事項：

目視對方，墊步啟動要快速，踢腿與步法要連貫協調，受力點為腳前掌或腳尖。

天不言自高，地不言自厚。　民諺

第六例

單腳攻擊戰例

閉式：Ａ方後腳正蹬戰例
　　　攻中段、上段

A、B雙方呈封閉式站立。A方主動用右後腿的正蹬技術攻擊B方中段或上段。

要求和注意事項：

目視對方，提膝出腿動作要快速，沿直線攻擊。受力點為腳掌或腳前掌。

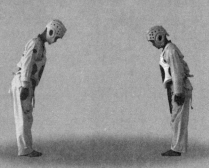

不學禮，無以立。　《論語.季氏》

第七例　單腳攻擊戰例

開式：Ａ方後腳正蹬戰例
　　　攻中段、上段

　　A、B雙方呈開式站立。A方主動用右後腿的正蹬技術攻擊B方中段或上段。

　　要求和注意事項：

　　目視對方，右後腿提膝攻擊時，高度在腰部以上，身體重心前移，受力點為腳掌或腳前掌。

人無禮則不生，事無禮則不成，國家無禮則不寧。
《荀子.修身》

第八例

單腳攻擊戰例

閉式：Ａ方後腳劈腿戰例
攻擊上段

A、B雙方呈閉式站立。A方主動用右後腿的劈腿技術攻擊B方上段。

要求和注意事項：

目視對方，出腿時快速提膝，下劈時挺腰下壓，受力點為腳前掌或腳後跟。

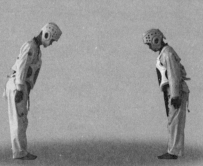

克己復禮為仁。　《論語.顏淵》

第九例

單腳攻擊戰例

閉式：Ａ方墊步前腳劈腿戰例
　　　攻擊上段

　　A、B雙方呈閉式站立。A方
用墊步移動接近B方的同時，順勢
提膝用右前腿的劈腿技術攻擊B方
上段。

要求和注意事項：

　　目視對方，墊步和劈腿要連貫
快速，一氣呵成。下劈時要挺腰下
壓，受力點為腳後跟或腳前掌。

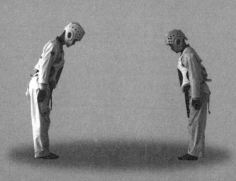

身修而後齊家，家齊而後國治，
國治而後天下太平。　《大學》

第十例

單腳攻擊戰例

開式：Ａ方墊步前腳劈腿戰例
　　　攻擊上段

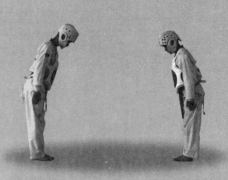

A、B雙方呈開式站立。A
方墊步移動接近B方的同時，順
勢提膝，用左前腿的劈腿技術攻
擊B方上段。

要求和注意事項：

目視對方，墊步和劈腿要連
貫快速，一氣呵成，不給對方以
喘息之機。下劈時要挺腰下壓，
受力點為腳後跟或腳前掌。

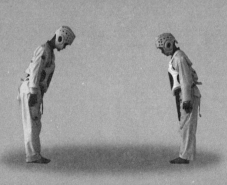

善氣迎人，親如兄弟。　《管子·心術下》

第十一例

單腳攻擊戰例

開式：Ａ方墊步前腳勾踢戰例
攻擊上段

A、B雙方呈開式站立。A方
墊步快速移動接近B方的同時，用
左前腿的勾踢技術攻擊B方上段。

要求和注意事項：

目視對方，墊步和勾踢動作要
連貫快速完成，小腿勾踢時要準確
有力，受力點為腳後跟或腳前掌。

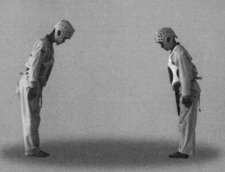

仁，人心也，義，人路也。　《孟子.告子上》

第十二例

單腳攻擊戰例

閉式：Ａ方轉身後腳勾踢戰例
　　　攻擊上段

A、B雙方呈閉式站立。A方快速轉身，用右後腿的轉身勾踢技術攻擊B方上段。

要求和注意事項：

目視對方，轉體動作和勾踢動作連貫完成，小腿勾踢時要快速有力，受力點為腳後跟或腳前掌。

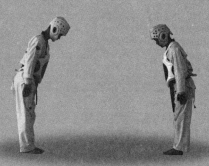

義，人之正路也。　《孟子.離婁上》

單腳攻擊戰例

開式：Ａ方後腳內旋踢戰例
　　　攻擊上段

　　A、B雙方呈開式站立。A
方主動用右後腿的內旋踢技術攻
擊B方上段

要求和注意事項：

　　目視對方，提膝要快，小腿
內旋擊打時要有力快速，受力點
為腳內側。

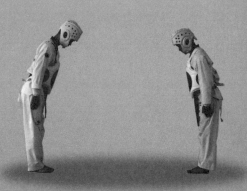

德不孤，必有鄰。　　《論語．里仁》

第十四例

單腳攻擊戰例

開式：A方墊步前腳外旋踢戰例
　　　攻擊上段

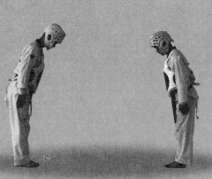

　　Ａ、Ｂ雙方呈開式站立。Ａ
方墊步移動接近Ｂ方的同時，用
左前腿的外旋踢技術攻擊Ｂ方上
段。

要求和注意事項：

　　目視對方，墊步與外旋踢要
連續完成，小腿外旋時要有力，
受力點為腳刀。

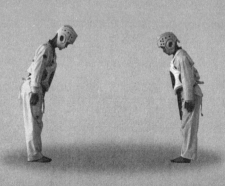

其身正，不令而行；其身不正，雖令不從。
《論語．子路》

第十五例 單腳攻擊戰例

閉式：Ａ方墊步前腳側踢戰例
　　　攻擊中段、上段

A、B雙方呈閉式站立。A方墊步移動接近B方的同時，用右前腿的側踢技術攻擊B方中段或上段。

要求和注意事項：

目視對方，墊步移動時側踢同時踢出，受力點為腳刀或腳掌。

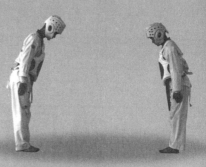

高山仰止，景好行止。　《詩經．小雅．車轄》

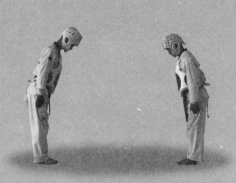

第十六例

單腳攻擊戰例

開式：Ａ方墊步前腳側踢戰例
　　　攻擊中段、上段

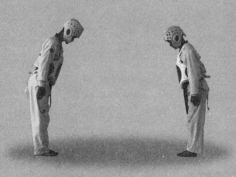

　　A、B雙方呈開式站立。A
方墊步移動接近B方的同時，用
左前腿的側踢技術攻擊B方中段
或上段 。

要求和注意事項：

　　目視對方。墊步移動時要快
速，側踢時要利用墊步產生的慣
性快速踢出，受力點為腳刀或腳
掌。

為君聊賦《今日》詩，努力請從今日始。　文嘉

第十七例

單腳攻擊戰例

閉式：Ａ方轉身後腳側踢戰例
　　　攻擊中段、上段

A、B雙方呈閉式站立。A方快速轉體的同時,用右後腿的側踢技術踢擊B方中段或上段。

要求和注意事項:

目視對方,身體的轉體動作和側踢技術要連貫完成。轉體時眼睛可從右肩看向對方,受力點為腳刀或腳掌。

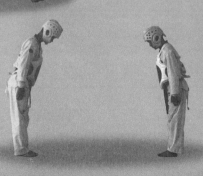

欲當大任,須是篤實。 程顥

第十八例

單腳攻擊戰例

閉式：Ａ方轉身後腳後蹬戰例

　　攻擊中段

A、B雙方呈閉式站立。A方快速轉體的同時，用右後腿的後蹬動作攻擊B方中段或上段。

要求和注意事項：

目視對方。身體的轉體動作和後蹬動作要連續。右腿踢擊時，應緊貼左腿直線往後踢出，受力點為腳後跟。

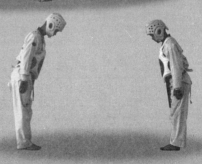

失之毫厘，差之千里。　《資治通鑒》

49

第十九例

單腳攻擊戰例

閉式：Ａ方轉身後腳外旋踢戰
　　　例　攻擊上段

　　Ａ、Ｂ雙方呈閉式站立。Ａ方快速轉體的同時，用右後腿的外旋踢技術攻擊Ｂ方上段。

要求和注意事項：

　　目視對方、轉體動作和外旋踢應連續完成。小腿外旋時要有力準確，受力點為腳刀。

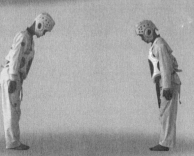

成事自來屬有志，不教勳業鏡中看。　　王小惲

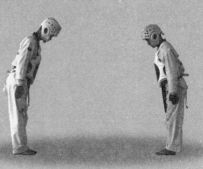

第二十例

單腳攻擊戰例

閉式：A方轉體 180° 橫踢戰例
攻擊中段、上段

A、B雙方呈閉式站立。A
方左後轉體180°時，右腳橫踢
技術攻擊B方的中段或上段。

要求和注意事項：

目視對方，轉體動作連貫完
成，踢擊有力，受力點為右腳腳
背或腳前掌。

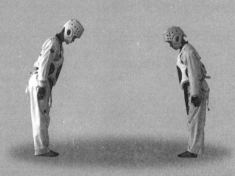

發憤忘食，樂以忘憂，不知老之將至。　孔子

第二十一例

單腳攻擊戰例

開式：Ａ方轉體 360° 橫踢戰例

攻擊中段、上段

A、B雙方呈開式站立。A方
向左轉體360°時，右腳橫踢技術
攻擊B方中段或上段。

要求和注意事項：

目視對方，轉體動作要快速，
右腿踢擊時，要借助身體轉動的慣
性用力踢擊，受力點為腳前掌或腳
背。

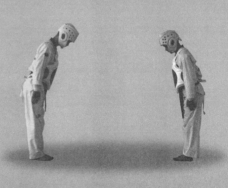

常思奮不顧身，以殉國家之急。　司馬遷

第二十二例

單腳攻擊戰例

閉式：Ａ方騰空轉身側踢戰例

　　　攻擊上段

A、B雙方呈閉式站立。A方右後騰空轉體的同時，右腳側踢技術攻擊B方上段。

要求和注意事項：

目視對方，騰空轉體攻擊對方時，要向攻擊方向推進，受力點為腳刀或腳掌。

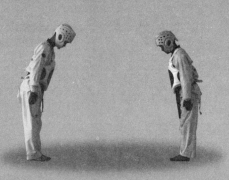

惟知躍進，惟知雄飛。　李大釗

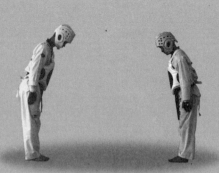

第二十三例

單腳攻擊戰例

閉式：Ａ方騰空轉身後蹬戰例
　　攻擊上段

A、B雙方呈閉式站立。A方右後騰空轉體的同時，右後腿的後蹬技術攻擊B方上段。

要求和注意事項：

目視對方，騰空轉體動作和後蹬技術要連貫完成，右腿緊貼左腿內側直線往後踢出，受力點為腳後跟。

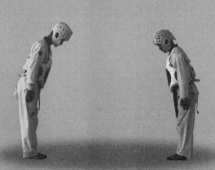

59

單腳攻擊戰例

閉式：Ａ方騰空轉身外旋踢戰例
　　　攻擊上段

A、B雙方呈閉式站立。A方右後騰空轉體的同時，右後腿的外旋踢技術攻擊B方上段。

要求和注意事項：

目視對方，騰空轉體外旋踢時，小腿用力外旋，受力點為腳刀。

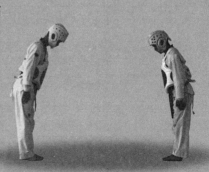

不聞不若聞之，聞之不若見之，見之不若知之，知之不若行之。　《荀子.儒效》

第二十五例

單腳攻擊戰例

閉式：A方騰空轉身後勾踢戰例
　　　攻擊上段

　　Ａ、Ｂ雙方呈閉式站立。Ａ方右後騰空轉體的同時，右腿後勾踢技術攻擊Ｂ方上段。

要求和注意事項：

　　目視對方，轉體騰空後勾踢動作要連續，一氣呵成，受力點為腳後跟或腳前掌。

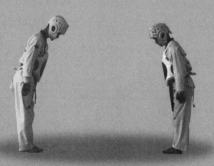

知之而不行，雖敦必困。　《荀子‧儒效》

第二十六例

單腳攻擊戰例

閉式：A方騰空轉身劈腿戰例
　　　攻擊上段

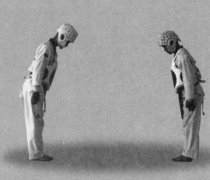

A、B雙方呈閉式站立。A方
右後騰空轉體的同時，右腿劈腿技
術攻擊B方上段。

要求和注意事項：

目視對方，騰空轉體和劈腿動
作連續完成，受力點為腳後跟或腳
前掌。

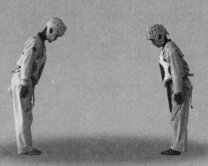

學貴乎成，既成矣，將以行之也。

《河南程氏粹言.論學篇》

單腳攻擊戰例

開式：Ａ方騰空轉身劈腿戰例
　　　攻擊上段

A、B雙方呈開式站立。A方右後騰空轉體右腳劈腿技術攻擊B方上段。

要求和注意事項：

目視對方，騰空轉體劈腿時，身體騰空向對方推移，受力點為腳前掌或腳後跟。

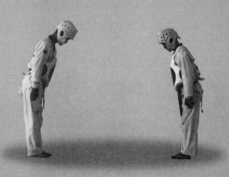

憂國者不顧其身，愛民者不罔其上。　林逋

實戰**100**例

第二十八例

單腳攻擊戰例

閉式：Ａ方墊步截踢戰例

攻擊下段

A、B雙方呈閉式站立。A方墊步前移接近B方的同時，左前腳截踢技術攻擊B方下段。

要求和注意事項：

目視對方，墊步和截踢連貫完成，受力點為腳刀或腳掌。

敬業者，專心致志，以事其業也。 朱熹

第二十九例　單腳攻擊戰例

開式：Ａ方墊步截踢戰例
　　　攻擊下段

A、B雙方呈開式站立。A方墊步快速向B方接近的同時，左腳截踢技術攻擊B方下段。

要求和注意事項：

目視對方，墊步前移要快速，截踢要借墊步移動的慣性，加大踢擊力度，受力點為腳刀或腳掌。

萬事莫貴於義。 《墨子.貴義》

第三十例 單腳攻擊戰例

開式：Ａ方後腳攔踢戰例
　　　攻擊下段

A、B雙方呈開式站立。A方主動用右後腿的攔踢技術攻擊B方下段。

要求和注意事項：

目視對方，攔踢動作要快，除主動攻擊外，還可用於阻攔對手進攻技術，受力點為腳內側。

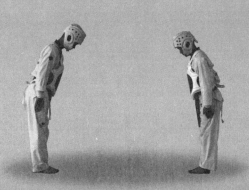

疾學在於尊師。　《呂氏春秋》

74

第31例　閉式：A方前腳墊步橫踢攻擊中段，B方轉身側踢反擊攻中段

第32例　閉式：A方墊步前腳橫踢攻擊中段，B方轉身後腳勾踢反擊攻中段

第33例　開式：A方後腳橫踢攻擊中段，B方騰空轉身後蹬反擊攻中段

第34例　開式：A方後腳前踢攻擊中段，B方轉身側踢反擊攻中段

第35例　閉式：A方墊步前腳前踢攻擊中段，B方閃擊步前腳橫踢反擊攻中段

第36例　閉式：A方後腳正蹬攻擊中段，B方後腳劈腿反擊攻上段

第37例　開式：A方後腳正蹬攻擊中段，B方前腳橫踢反擊攻上段

第38例　開式：A方後腳劈腿攻擊上段，B方轉身後蹬反擊攻中段

第39例　閉式：A方墊步前腳劈腿攻擊上段，B方閃擊步前腳橫踢反擊攻中段

第40例　開式：A方墊步前腳劈腿攻擊上段，B方梭步後腳橫踢反擊攻中段

第41例　開式：A方墊步前腳勾踢攻擊，B方梭步後腳橫踢反擊攻上段

第42例　開式：A方轉身後腳勾踢攻擊，B方後腳劈腿反擊攻上段

第43例　開式：A方後腳內旋踢攻擊上段，B方騰空轉身後蹬反擊攻中段

第44例　開式：A方前腳外旋踢攻擊上段，B方梭步後腳橫踢反擊攻上段

第45例　閉式：A方墊步前腳側踢攻擊中段，B方梭步轉體 180°橫踢反擊攻中段

第46例　開式：A方墊步前腳側踢攻擊上段，B方後腳橫踢反擊攻上段

第47例　開式：A方轉身後腳側踢攻擊中段，B方後腳劈腿反擊攻上段

第48例　開式：A方轉身後腳側踢攻擊中段　B方梭步後腳橫踢反擊攻上段

第49例　閉式：A方後腳外旋踢攻擊上段，B方梭步後腳橫踢反擊攻上段

第50例　閉式：A方轉體 180°橫踢攻擊中段，B方梭步後腳橫踢反擊攻上段

第51例　開式：A方轉體 360°橫踢攻擊中段，B方騰空轉身後蹬反擊攻中段

第52例　閉式：A方騰空轉身後蹬攻擊中段，B方退步轉體 180°橫踢反擊攻中段

第53例　閉式：A方騰空轉身後蹬攻擊中段，B方後腳劈腿反擊攻上段

第54例　閉式：A方騰空轉身外旋攻擊上段，B方退步轉身後勾踢反擊攻上段

第55例　閉式：A方騰空轉身後勾踢攻擊上段，B方梭步後腳橫踢反擊攻中段

第56例　閉式：A方騰空轉身劈腿攻擊上段，B方退步騰空後蹬反擊攻中段

第57例　閉式：A方轉體 540°橫踢攻擊中段，B方梭步轉體 180°橫踢反擊攻中段

第58例　閉式：A方墊步截踢攻擊下段，B方騰空轉身側踢反擊攻中段

第59例　閉式：A方墊步截踢攻擊下段，B方閃擊步後腳橫踢反擊攻中段

第60例　開式：A方後腳攔踢攻擊下段，B方騰空外旋踢反擊攻中段

第三十一例

單腳反擊戰例

閉式：A方前腳墊步橫踢攻擊中段，
　　　B方轉身側踢反擊攻中段

A、B雙方呈閉式站立。A方主動利用墊步技術快速移動接近B方的同時，用左前腿的橫踢技術攻擊B方中段。B方在A方剛出腿之機，迅速右後轉體，用右腿的側踢技術反擊A方中段。

要求和注意事項：

目視對方，B方反擊時注意判斷準確，轉身側踢要出腿快速，面對A方的進攻要冷靜沉著，從容反擊，受力點為腳掌或腳刀。

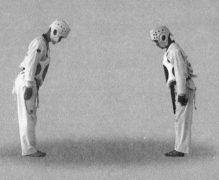

單則易折，眾則難摧，戮力一心，然後社稷可固。

《北史．吐谷渾傳》

第三十二例

單腳反擊戰例

閉式：A方墊步前腳橫踢攻擊中段，
　　　B方轉身後腳勾踢反擊攻中段

　　Ａ、Ｂ雙方呈閉式站立。Ａ方主動利用墊步技術快速移動接近Ｂ方的同時，用左前腿的橫踢技術攻擊Ｂ方中段。Ｂ方在Ａ方發動攻擊之機，迅速右後轉體，用右腿的勾踢技術反擊Ａ方的中段。

要求和注意事項：

　　目視對方，Ｂ方反擊時要注意判斷Ａ方的出腿方向，轉身勾踢反擊時要快速有力，面對Ａ方進攻要沉著應對，受力點為腳後跟或腳前掌。

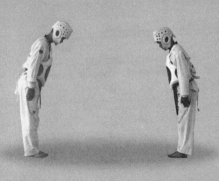

天時不如地利，地利不如人和。
《孟子.公孫醜下》

單腳反擊戰例

開式：A方後腳橫踢攻擊中段，
　　　B方騰空轉身後蹬反擊攻
　　　中段

Ａ、Ｂ雙方呈開式站立。Ａ方主動用左後腿的橫踢技術攻擊Ｂ方中段。Ｂ方在Ａ方出腿進攻的同時快速騰空轉體，用右後腳的側踢技術反擊Ａ方中段。

要求和注意事項：

目視對方，Ｂ方的反擊動作要快速有力，判斷Ａ方進攻方向很重要，反擊時要沉著冷靜，受力點為腳掌或腳刀。

處天下事，先把「我」字擱起。

《座右銘續編.存心》

第三十四例

單腳反擊戰例

開式：A方後腳前踢攻擊中段，
　　　B方轉身側踢反擊攻中段

A、B雙方呈開式站立。A方主動用右後腿的前踢技術攻擊B方中段。B方在A方前踢踢擊未出的同時迅速左後轉體，用左後腿的側踢技術反擊A方中段。

要求和注意事項：

目視對方，B方在反擊對方進攻時，判斷對方的攻擊方向猶為重要，反擊時動作要快速、乾脆、有力，受力點為腳掌或腳刀。

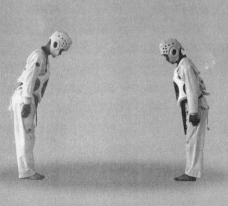

名節重泰山，利慾輕鴻毛。　于謙

第三十五例

單腳反擊戰例

閉式：Ａ方墊步前腳前踢攻擊中段，
　　　Ｂ方閃擊步前腳橫踢反擊攻中
　　　段

A、B雙方呈閉式站立。A方主動利用墊步移動接近對手的同時，用左前腿的前踢技術攻擊B方中段。面對A方進攻，B方利用右閃擊步快速移動避開對方進攻的同時，用左腳的橫踢技術反擊A方中段。

要求和注意事項：

目視對方，面對A方進攻，B方要沉著冷靜，利用閃擊步移動避讓對方進攻時動作要迅速，同時橫踢反擊要連續完成，受力點為腳前掌或腳背。

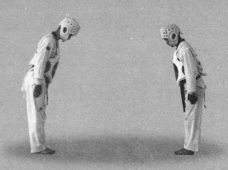

不以窮變節，不以賤易志。　　《鹽鐵論.地廣》

單腳反擊戰例

閉式：Ａ方後腳正蹬攻擊中段，
　　　Ｂ方後腳劈腿反擊攻上段

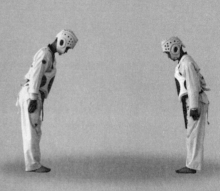

A、B雙方呈閉式站立。A
方主動用右後腿的正蹬技術攻擊
B方中段。B方在A方發動攻擊
的同時微微側身，用右後腿的劈
腿反擊A方上段。

要求和注意事項：

目視對方，B方反擊在A方
進攻稍後，但以A方攻擊腿未落
地之前為最佳時機，側身提膝下
劈反擊的動作要一氣呵成，攻擊
有力，受力點為腳後跟或腳前掌。

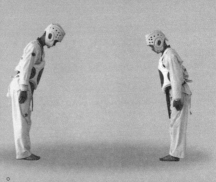

見賢思齊焉，見不賢而內自省也。　　孔子

單腳反擊戰例

開式：Ａ方後腳正蹬攻擊中段，
　　　Ｂ方墊步前腳上段橫踢反
　　　擊攻上段

A、B雙方呈開式站立。A方
主動用右後腿的正蹬技術攻擊B方
中段。B方利用墊步移動接近對方
的同時，用右前腿的橫踢技術反擊
A方上段。

要求和注意事項：

目視對方，B方要在A方攻擊
腿尚未回收之機，快速墊步移動出
腿反擊，動作要迅速，準確，受力
點為腳背或腳尖。

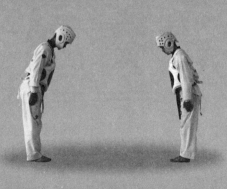

君子博學而日參省乎己，則知明而行無過矣。

《荀子.勸學》

單腳反擊戰例

開式：Ａ方後腳劈腿攻擊上段，
　　　Ｂ方轉身後蹬反擊攻中段

　　Ａ、Ｂ雙方呈開式站立。Ａ方主動
用左後腿的劈腿技術攻擊Ｂ方上段。Ｂ
方在Ａ方攻擊腿剛踢出的瞬間，迅速右
後轉體，用右後腿的後蹬技術反擊Ａ方
中段。

要求和注意事項：

　　目視對方，Ｂ方反擊對手時，要沉
著冷靜地判斷對方進攻方向，轉身後蹬
動作要快速、有力、準確，受力點為腳
後跟。

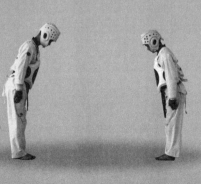

勝人者有力，自勝者強。　《老子.三十三章》

第三十九例

單腳反擊戰例

閉式：A方墊步前腳劈腿攻擊上段，
　　　B方閃擊步前腳橫踢反擊攻中
　　　段

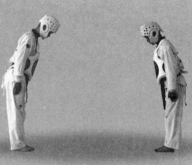

　　Ａ、Ｂ雙方呈閉式站立。Ａ方利用墊步快速移動接近對手的同時，用左前腿的劈腿技術攻擊Ｂ方上段。Ｂ方面對Ａ方的迅猛攻擊，利用右閃擊步避開Ａ方進攻的同時，用左前腿的橫踢技術反擊Ａ方中段。

要求和注意事項：

　　目視對方，Ａ方進攻墊步移動速度快，Ｂ方要迅速移動避其鋒芒，待其攻擊腿尚未落下之機，快速有力地用橫踢反擊，受力點為腳掌或腳背。

遇事無難易，而勇於敢為。　歐陽修

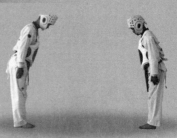

單腳反擊戰例

開式：A方墊步前腳劈腿攻擊上段，
　　　B方梭步後腳橫踢反擊攻中段

A、B雙方呈開式站立。A方主動利用墊步移動接近對手的同時，用左前腿的劈腿技術攻擊B方上段。B方利用梭步往後避讓對手攻擊後，快速用左後腿的橫踢技術反擊A方中段。

要求和注意事項：

目視對方，B方的反擊動作要建立在有效的避讓技術上，面對A方進攻要冷靜，梭步後退的距離要適當，不可後退太遠，這樣不利於有效的反擊，受力點為腳前掌或腳背。

自能成羽翼，何必仰雲梯。 王勃

第四十一例

單腳反擊戰例

開式：Ａ方墊步前腳勾踢攻擊上段，
　　　Ｂ方梭步後腳橫踢反擊攻上段

A、B雙方呈開式站立。A方利
用墊步快速移動接近對手的同時,用
左前腿的勾踢技術攻擊B方上段。
B方面對A方進攻,迅速用梭步往後
退讓,避其鋒芒,同時用左後腿的橫
踢技術反擊A方上段。

要求和注意事項:

目視對方,B方在用梭步避讓A
方進攻時要迅速,後退距離以方便自
己反擊對手為宜,橫踢反擊動作要迅
速有力,受力點為腳背或腳尖。

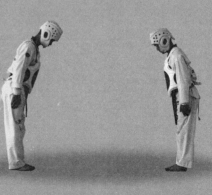

人生萬事須自為。 《元詩別裁集》

第四十二例

單腳反擊戰例

開式：Ａ方轉身後腳勾踢攻擊，
　　　Ｂ方後腳劈腿反擊攻上段

　　Ａ、Ｂ雙方呈開式站立。Ａ
方主動用右腳轉身勾踢技術攻擊
Ｂ方上段。Ｂ方避開Ａ方進攻的
同時，迅速用右腿的劈腿技術反
擊Ａ方上段。

要求和注意事項：

　　目視對方，Ｂ方反擊動作應
在Ａ方剛轉身但轉身勾踢未踢出
時，或剛踢過有效攻擊部位腳未
落地之前進行反擊效果最佳，時
機也最好，受力點為腳前掌或腳
後跟。

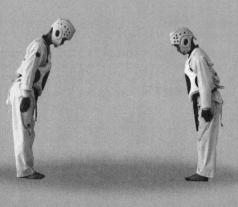

「懶散」二字，立身之賊也。　《呻吟語》

第四十三例 單腳反擊戰例

開式：A方後腳內旋踢攻擊上段，
　　　B方騰空轉身後蹬反擊攻
　　　中段

　　Ａ、Ｂ雙方呈開式站立。
Ａ方主動用左後腿的內旋踢技
術攻擊Ｂ方上段。Ｂ方在Ａ方
攻擊腿還未完全踢出的同時，
迅速騰空右後轉體，用右腿的
後蹬技術反擊Ａ方中段。

要求和注意事項：

　　目視對方，Ｂ方的反擊動
作在Ａ方進攻之後，但速度卻
應該比Ａ方要迅速，騰空轉身
後蹬動作要連貫有力，受力點
為腳後跟。

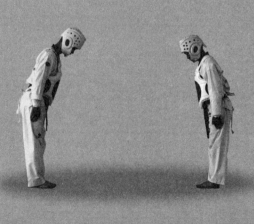

自暴者，不可與有言也；自棄者，不可與有為也。
言非禮義，謂之自暴也，吾身不能居仁由義，
謂之自棄也。　《孟子．離婁上》

第四十四例

單腳反擊戰例

開式：Ａ方前腳外旋踢攻擊
上段，Ｂ方梭步後腳
橫踢反擊攻上段

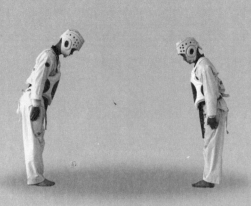

A、B雙方呈開式站立。A方主動利用墊步快速接近對手的同時，用右前腿的外旋技術攻擊B方上段。B方在受到攻擊的瞬間，快速梭步後退避讓A方進攻，同時迅速用右後腿的橫踢技術反擊A方上段。

要求和注意事項：

目視對方，B方避讓A方進攻時要冷靜，注意判斷A方攻擊方向，梭步後退距離要以不影響自己反擊對手為宜，受力點為腳背或腳前掌。

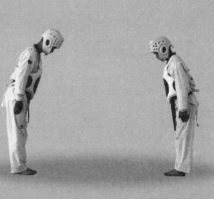

天生我才必有用。　李白

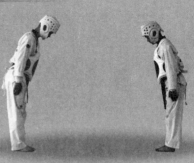

中國跆拳道 實戰100例 CHINESE TAEKWONDO

第四十五例

單腳反擊戰例

閉式：A方墊步前腳側踢攻擊中段，
B方梭步轉體 180°橫踢反擊
攻中段

　　Ａ、Ｂ雙方呈閉式站立。Ａ方利用墊步迅速向對手移動的同時，用左腿的側踢技術攻擊Ｂ方中段。Ｂ方快速梭步後退避讓其進攻，同時右後轉體 180°，用左腿的橫踢技術反擊Ａ方中段。

　　要求和注意事項：

　　目視對方，Ｂ方在梭步後退避讓對手進攻時要保持身體重心的平穩，身體重心不宜後靠，轉體180°橫踢動作要快速連貫，一氣呵成，不給對手以反擊機會，受力點為腳背或腳前掌。

自尊心是進步之母，自賤心是墮落之源。

鄒韜奮

單腳反擊戰例

開式：A方墊步前腳側踢攻擊上段，
　　　B方後腳橫踢反擊攻上段

A、B雙方呈開式站立。A方利用墊步迅速向對手移動的同時，用左腿的側踢技術攻擊B方上段。B方在A方攻擊腿將要攻擊到自己的瞬間，快速側身的同時，以左後腿的橫踢技術反擊A方上段。

要求和注意事項：

目視對方，B方用橫踢反擊A方時要冷靜沉著，待A方攻擊腿已踢出的同時再側身避讓反擊效果最好，受力點為腳背或腳前掌。

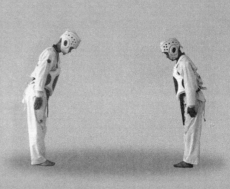

以細行律身，不以細行取人。　魏源

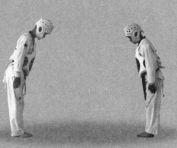

第四十七例

單腳反擊戰例

開式：Ａ方轉身後腳側踢攻擊中段，
　　　Ｂ方退步後腳劈腿反擊攻上段

　　Ａ、Ｂ雙方呈開式站立。Ａ方主動用右後腿的轉身側踢技術攻擊Ｂ方中段。Ｂ方待Ａ方攻擊腿踢擊的同時，右腳退步避讓Ａ方進攻後，再用右腿的劈腿技術反擊Ａ方上段。

要求和注意事項：

　　目視對方，Ｂ方避讓Ａ方進攻時，退步的距離要適度，以便為隨後的劈腿創造條件，退步與反擊劈腿要連貫完成，受力點為腳後跟或腳前掌。

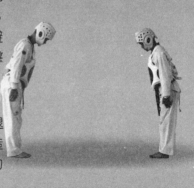

容一番橫逆，增一番氣度。　《格言聯璧》

第四十八例

單腳反擊戰例

開式：Ａ方轉身後腳側踢攻擊中段，
　　　Ｂ方梭步後腳反擊攻上段

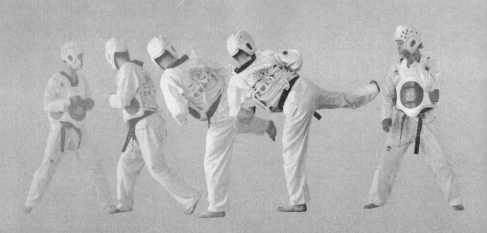

110

　　Ａ、Ｂ雙方呈開式站立。Ａ方主動用右後腿的轉身側踢技術攻擊Ｂ方中段。Ｂ方面對攻擊，迅速用梭步後退避讓攻擊的同時，用左後腿的橫踢技術反擊Ａ方上段。

要求和注意事項：

　　目視對方，Ｂ方梭步後退時要保持身體重心平穩，梭步後退距離不宜過大，橫踢反擊動作要快速有力，受力點為腳背或腳前掌。

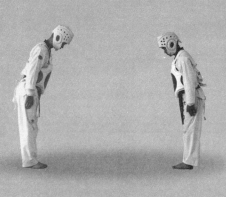

小不忍則亂大謀。　孔子

第四十九例

單腳反擊戰例

閉式：A方後腳外旋踢攻擊上段，
B方梭步後腳橫踢反擊攻上
段

A、B雙方呈閉式站立。A方主動用右後腿的外旋踢技術攻擊B方上段。B方梭步避讓對方攻擊後，迅速用右後腿的橫踢技術反擊A方上段。

要求和注意事項：

目視對方，B方梭步避讓對方進攻時，後退距離不宜過大，以自己最大反擊距離為宜，梭步應和橫踢反擊連貫完成，中間不宜有停頓，受力點為腳背或腳前掌。

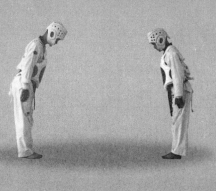

志忍私，然後能公；行忍性情，然後能修。

《荀子.儒效》

第五十例

單腳反擊戰例

閉式：A方轉體 180°橫踢攻擊中
段，B方梭步後腳橫踢反擊
攻上段

　　Ａ、Ｂ雙方呈閉式站立。Ａ方主動用轉體180°橫踢技術攻擊Ｂ方中段。Ｂ方迅速用梭步避讓Ａ方進攻的同時，用左後腿的橫踢技術反擊Ａ方上段。

要求和注意事項：

　　目視對方，Ｂ方面對Ａ方的攻擊應沉著應對，快速避讓，用橫踢反擊Ａ方時，最好在Ａ方攻擊腿還未完全落地時反擊效果最好，受力點為腳背或腳前掌。

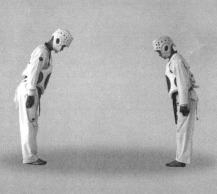

立志欲堅不欲銳，成功在久不在速。　　張孝祥

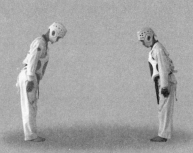

第五十一例

單腳反擊戰例

開式：Ａ方轉體360°橫踢攻擊
中段，Ｂ方騰空轉身後蹬
反擊攻中段

　　Ａ、Ｂ雙方呈開式站立。Ａ方主動
用轉體 360˚橫踢技術攻擊Ｂ方中段。
Ｂ方在對方轉體過程中橫踢尚未踢出的
瞬間，迅速用騰空轉身後蹬技術反擊Ａ
方中段。

要求和注意事項：

　　目視對方，Ｂ方面對Ａ方進攻，要
正確判斷Ａ方的轉體攻擊方向，反擊時
要抓住對方在轉體過程中攻擊腿剛踢未
踢出的瞬間進行反擊效果最佳，受力點
為腳後跟。

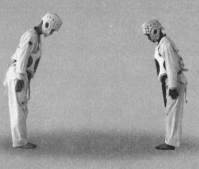

　　不積跬步，無以至千裏；不積小流，無以成江海。
騏驥一躍，不能十步；駑馬十駕，功在不舍。鍥而舍之，
　　朽木不折；鍥而不舍，金石可鏤。　　《勸學》

第五十二例

單腳反擊戰例

閉式：Ａ方騰空轉身後蹬攻擊中段，
Ｂ方退步轉體 180°橫踢反擊
攻中段

　　Ａ、Ｂ雙方呈閉式站立。Ａ方主動用右後腿的騰空轉身後蹬技術攻擊Ｂ方中段。Ｂ方利用退步避讓對方進攻的同時，迅速用轉體180°橫踢技術反擊Ａ方中段。

要求和注意事項：

　　目視對方，Ｂ方面對Ａ方的進攻用退步避讓過程中，注意保持身體重心平穩，且退步後要迅速完成轉體180°橫踢反擊動作，不應停頓過長而給Ａ方以時間調整防禦，受力點為腳背或腳前掌。

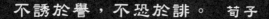

不誘於譽，不恐於誹。　荀子

單腳反擊戰例

閉式：A方騰空轉身後蹬攻擊中段，
B方後腳劈腿反擊攻上段

A、B雙方呈閉式站立。A
方主動用右後腿的騰空轉身後蹬
技術攻擊B方中段。B方避讓A
方進攻的同時，用右後腿的劈腿
技術反擊A方上段。

要求和注意事項：

目視對方，B方反擊動作要
在A方攻擊腿剛踢過有效的打擊
部位尚未完全收回的同時給予反
擊效果最佳，避讓A方進攻時要
冷靜沉著，受力點為腳後跟或腳
前掌。

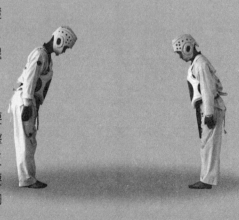

生來一諾比黃金。　顧炎武

第五十四例

單腳反擊戰例

閉式：Ａ方騰空轉身外旋踢攻
　　　擊上段，Ｂ方退步轉身
　　　後勾踢反擊攻上段

　　A、B雙方呈閉式站立。A方
主動用右後腿的騰空轉身外旋踢攻
擊B方上段。B方用退步避讓A方
進攻的同時，迅速用左腿的轉身後
勾踢技術反擊A方上段。

要求和注意事項：

　　目視對方，B方在退步避讓A
方進攻時，退步要平穩，身體重心
不可往後靠，退步和轉身後勾踢要
連貫完成，受力點為腳前掌或腳後
跟。

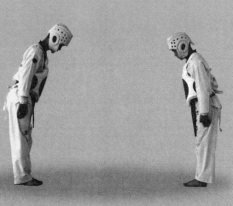

不以規矩，不能成方圓。　孟子

第五十五例

單腳反擊戰例

閉式：A方騰空轉身後勾踢攻
　　　擊上段，B方梭步後腳
　　　橫踢反擊攻中段

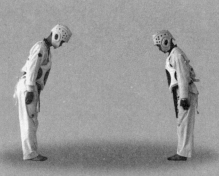

　　Ａ、Ｂ雙方呈閉式站立。Ａ方主動用右後腿的騰空轉身勾踢技術攻擊Ｂ方上段。Ｂ方用梭步後退避讓對方進攻後，迅速用右後腿的橫踢技術反擊Ａ方中段。

要求和注意事項：

　　目視對方，Ｂ方梭步後退時距離不宜過大，以避開進攻為宜，後退時身體重心要平穩，不宜後靠，後腿橫踢反擊時要快速，應在Ａ方攻擊腿還未收回之際反擊效果最好，受力點腳背或腳前掌。

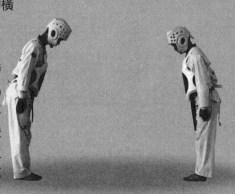

敏於事而慎於言。　　孔子

第五十六例 單腳反擊戰例

閉式：A方騰空轉身劈腿攻擊
上段，B方退步騰空後
蹬反擊攻中段

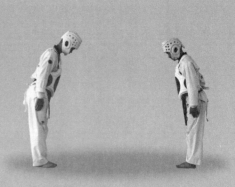

A、B雙方呈閉式站立。A
方主動用右後腿的騰空轉身劈腿
技術攻擊B方上段。B方退步避
讓的同時，迅速用左腿的騰空轉
身後蹬技術反擊A方中段。

要求和注意事項：

目視對方，B方要注意判斷
A方的進攻方向，在用退步和騰
空轉身後蹬反擊時動作要連貫快
速有力，受力點為腳後跟。

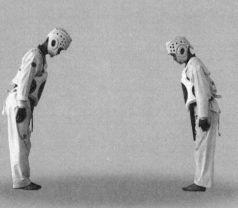

行欲先人，言欲後人。　《曾子.修身》

第五十七例

單腳反擊戰例

閉式：A方轉體540°橫踢攻擊中段，
　　　B方梭步轉體180°橫踢反擊攻
　　　中段

A、B雙方呈閉式站立。A方主動用轉體 540°橫踢技術快速移動攻擊 B 方中段。B 方在積極利用梭步避讓對方進攻的同時，抓住有效時機，利用轉體 180°橫踢技術反擊 A 方的中段。

要求和注意事項：

目視對方，A 方轉體 540°橫踢技術動作速度快、攻擊距離遠，B 方要沉著應對，不可盲目後退，要注意判斷對方的轉體和攻擊方向，轉體 180°橫踢反擊動作要迅猛有力，在對方未站穩之前予以重擊，受力點為腳背或腳前掌。

風流不在談鋒勝，袖手無言味最長。
黃升《鷓鴣天》

第五十八例

單腳反擊戰例

閉式：A方墊步截踢攻擊下段，
　　　B方騰空轉身側踢反擊攻
　　　中段

A、B雙方呈閉式站立。A方利用墊步移動接近對方的同時,用左前腿的截踢技術攻擊B方下段。B方迅速用右腿的騰空轉身側踢反擊A方中段。

要求和注意事項:

目視對方,B方反擊對方時,要注意判斷對手的攻擊方向,同時快速反應,受力點為腳刀。

丟去玄言,專崇實際。　朱自清

第五十九例

單腳反擊戰例

閉式：A方墊步截踢攻擊下段，
　　　B方閃擊步後腳橫踢反擊
　　　攻中段

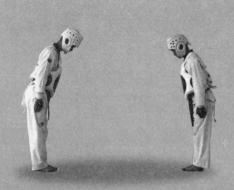

　　Ａ、Ｂ雙方呈閉式站立。Ａ方利用墊步移動接近對方的同時，用左前腿的截踢技術攻擊Ｂ方下段。Ｂ方用右閃擊步移動避開Ａ方攻擊的同時，迅速用右後腿的橫踢技術反擊Ａ方中段。

要求和注意事項：

　　目視對方，Ｂ方在用閃擊步避讓時動作要快速，同時迅速用橫踢反擊，不應讓對方有任何調整和防範的時機，受力點為腳背或腳前掌。

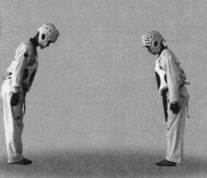

人一能之，己百之；人十能之，己千之。

《禮記.中庸》

第六十例

單腳反擊戰例

開式：A方後腳攔踢攻擊下段，
　　　B方騰空外旋踢反擊攻中
　　　段

A、B雙方呈閉式站立。A
方主動用右後腿的攔踢技術攻擊
B方下段。B方在攻擊將至的同
時，迅速用左後腿的騰空轉身外
旋踢反擊A方中段。

要求和注意事項：

目視對方，B方的反擊動作
要在A方攻擊動作踢出的瞬間進
行，判斷對方的攻擊方向猶為重
要，受力點為腳刀。

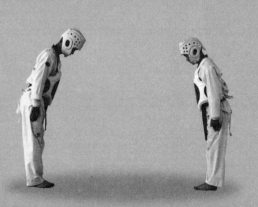

不計自己得失，勇往直前。　朱熹

第61例　閉式：A方墊步前腳橫踢攻擊，後腳橫踢戰例 攻中段
第62例　閉式：A方墊步前腳橫踢攻擊，後腳轉身後踢戰例 攻中段
第63例　開式：A方雙飛踢連續攻擊戰例 攻中段
第64例　閉式：A方轉身後蹬，後腳橫踢戰例 攻中、上段
第65例　閉式：A方後腳劈腿，後腳橫踢戰例 攻上段
第66例　閉式：A方轉體 180°橫踢，轉身後蹬戰例 攻中段
第67例　閉式：A方墊步側踢，後腳橫踢戰例攻 中段、上段
第68例　閉式：A方連續轉身後蹬戰例 攻中段
第69例　閉式：A方連續的墊步劈腿戰例 攻上段
第70例　閉式：A方轉體 180°橫踢，轉身後勾踢戰例 攻中、上段
第71例　開式：A方後腳橫踢，轉體 180°橫踢戰例 攻上、中段
第72例　開式：A方墊步劈腿，轉身後蹬戰例 攻上、中段
第73例　開式：A方轉體 360°橫踢，轉身後勾踢戰例 攻中、上段
第74例　開式：A方轉體 360°橫踢，轉身 180°橫踢戰例 攻中段
第75例　開式：A方後腳劈腿，後腳橫踢戰例 攻上段
第76例　開式：A方墊步側踢，後腳劈腿戰例 攻中、上段
第77例　開式：A方連續的後腳橫踢戰例 攻中、上段
第78例　開式：A方墊步劈腿，後腳橫踢戰例 攻上、中段
第79例　開式：A方轉體 360°橫踢，轉身後蹬戰例 攻中段
第80例　開式：A方墊步外旋踢，後腳連續橫踢戰例 攻上、中段
第81例　閉式：A方墊步橫踢，雙飛踢戰例 攻中段
第82例　閉式：A方墊步劈腿、橫踢、轉體 180°橫踢戰例 攻上、中段
第83例　閉式：A方轉體 180°橫踢，轉身後蹬、橫踢戰例 攻中段
第84例　閉式：A方雙飛踢、轉體 180°橫踢戰例 攻中段
第85例　閉式：A方墊步劈腿、橫踢、劈腿戰例 攻上、中段
第86例　開式：A方墊步側踢，雙飛踢戰例 攻中段
第87例　開式：A方後腿橫踢，雙飛踢戰例 攻中段
第88例　開式：A方後腿劈腿、轉體 180°橫踢、轉身後踢戰例 攻上、中段
第89例　開式：A方墊步劈腿、橫踢、轉身後蹬戰例 攻上、中段
第90例　開式：A方雙飛踢、橫踢戰例 攻中段
第91例　閉式：A方四飛踢戰例 攻中段
第92例　閉式：A方墊步橫踢、轉身後蹬、雙飛踢戰例 攻中段
第93例　閉式：A方後腿劈腿、轉身後蹬、雙飛踢戰例 攻上、中段
第94例　閉式：A方轉體 180°橫踢、轉身後蹬、橫踢、劈腿戰例 攻中、上段
第95例　閉式：A方雙飛踢、連續轉身 180°橫踢戰例 攻中段

第六十一例

連續組合攻擊戰例

閉式：Ａ方墊步前腳橫踢攻擊，
　　　後腳橫踢戰例　攻中段

A、B雙方呈閉式站立。A方主動用墊步移動接近對方的同時，用右前腿的橫踢技術攻擊B方中段或上段。攻擊有效或無效的同時，迅速再用左後腿的橫踢技術攻擊B方中段或上段均可。

要求和注意事項：

目視對方，A方的主動意識要強烈，步法和腿法的配合要協調、快速，兩腿的攻擊動作要連貫，一氣呵成，讓對方防不勝防，受力點為腳前掌、腳背。

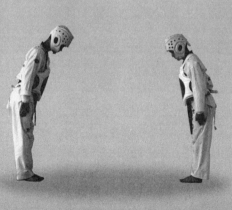

君子以行言，小人以舌言。　孔子

連續組合攻擊戰例

閉式：Ａ方墊步前腳橫踢攻
　　　擊，後腳轉身後踢戰
　　　例　攻中段

　　Ａ、Ｂ雙方呈閉式站立。Ａ方主動用墊步移動接近對方的同時，用右前腿的橫踢技術攻擊Ｂ方中段或上段。攻擊有效或無效的同時，迅速再用左後腿的轉身後踢技術攻擊Ｂ方中段。

　　要求和注意事項：

　　目視對方，Ａ方的攻擊要快速有力，特別是兩個腿法在踢擊時的連續性尤為重要，切勿中途停頓，給對手以喘息之機，受力點為腳背、腳前掌、腳後跟。

為山九仞，功虧一簣。　《尚書》

第六十三例

連續組合攻擊戰例

開式：Ａ方雙飛踢連續攻擊戰例
攻中段

A、B雙方呈開式站立。A方主動用雙飛踢技術，先後用左後腿的橫踢技術和右前腿的橫踢技術連續踢擊B方中段。

要求和注意事項：

目視對方，雙飛踢是跆拳道技術中最常用的一種連續攻擊技術，兩腿在攻擊的瞬間要快速連貫完成，身體是在懸空狀態下完成該技術，兩腿的連續性和速度尤為重要，受力點為腳背、腳前掌。

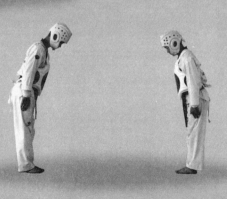

行百裏者半九十。　　《戰國策.秦策五》

第六十四例

連續組合攻擊戰例

閉式：Ａ方轉身後蹬，後腳橫踢

　　　　戰例　攻中、上段

A、B雙方呈閉式站立。A方主動用右後腿的轉身後蹬技術攻擊B方中段或上段。在攻擊之後，迅速轉身，再用左腿的橫踢技術攻擊B方中段或上段。

要求和注意事項：

目視對方，A方轉身後蹬攻擊時要轉體迅速，右腿緊貼左腿內側直線往後攻擊對方，橫踢要與前腿緊密相連，不可停頓，受力點為腳後跟、腳背、腳前掌。

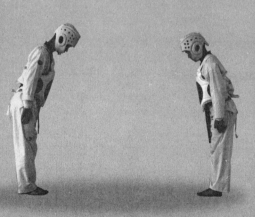

自天子以至庶人，壹是皆以修身為本。
《禮記.大學》

連續組合攻擊戰例

閉式：Ａ方後腳劈腿，後腳橫踢

　　　戰例　攻上段

A、B雙方呈閉式站立。A方主動用左後腿的劈腿技術攻擊B方上段。攻擊有效或無效時，迅速再用右腿的橫踢技術攻擊B方中段或上段。

要求和注意事項：

目視對方，A方在採取主動攻擊時，動作要隱蔽快速，連續攻擊的第二個腿法要連貫迅速，受力點為腳後跟、腳前掌、腳背。

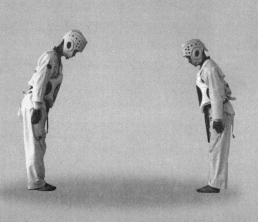

世言：心堅石也穿。　《野容叢書》

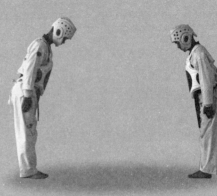

第
六
十
六
例

連續組合攻擊戰例

閉式：A方轉體 180°橫踢，
轉身後蹬戰例　攻中段

　　Ａ、Ｂ雙方呈閉式站立。Ａ方主動用轉體180°橫踢技術右腳攻擊Ｂ方中段的同時再迅速轉體，用左後腿的後蹬技術攻擊Ｂ方上段。

要求和注意事項：

　　目視對方，轉體180°橫踢可應用於攻擊對方與自己距離相距較遠的情況，轉體動作要迅速，移動要以對方為準，受力點為腳背、腳前掌、腳後跟。

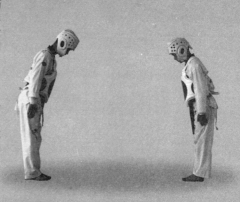

與之舉措遷移，而觀其能應變也。
《荀子.君道》

第六十七例

連續組合攻擊戰例

閉式：Ａ方墊步側踢，後腳橫踢

戰例　攻中段、上段

　　Ａ、Ｂ雙方呈閉式站立。Ａ
方主動用墊步移動接近對方的同
時，用左前腿的側踢技術攻擊Ｂ
方中段。攻擊有效或無效時，迅
速用右腿的橫踢技術再次給予Ｂ
方第二次攻擊。

要求和注意事項：

　　目視對方，墊步側踢技術要
快速連貫，第二次橫踢攻擊要準
確有力，受力點為腳刀、腳掌、
腳背、腳前掌。

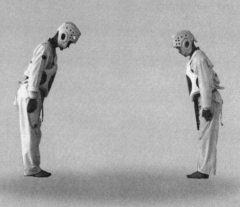

豈惟年變，亦兼月化，保直（止）月化；
兼又日遷。　《楞嚴經卷二》

連續組合攻擊戰例

第六十八例

閉式：Ａ方連續轉身後蹬戰例
　　　攻中段

A、B雙方呈閉式站立。A
方主動用右後腿的轉身側踢和左
後腿的轉身側踢技術連續2～3
次地攻擊B方中段。

要求和注意事項：

目視對方，轉身側踢的攻擊
要一氣呵成，不可給對方以絲毫
的反擊時間和空間，受力點為腳
後跟。

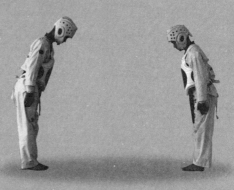

尺有所短，才有所長，物有所不足，
智有所不明。　《楚辭．卜居》

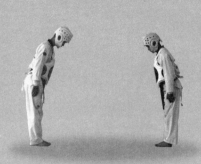

第六十九例

連續組合攻擊戰例

閉式：Ａ方連續的墊步劈腿戰例
　　　攻上段

A、B雙方呈閉式站立。A方主動用墊步快速移動接近對方的同時，連續地用右前腿的劈腿技術攻擊B方上段。

要求和注意事項：

目視對方，墊步向前移動時，要注意判斷對方與自己的距離，不可太近，也不可太遠，太近或太遠都不利於劈腿的有效攻擊，攻擊的節奏和速度快慢要根據B方退讓的情況進行調整，受力點為腳前掌、腳後跟。

以人之長續其短，以人之厚補其薄。
《晏子春秋》

第七十例

連續組合攻擊戰例

閉式：Ａ方轉體180。橫踢，
轉身後勾踢戰例　攻中
、上段

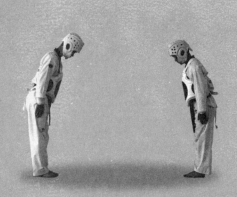

A、B雙方呈閉式站立。A方主動用轉體180°橫踢技術攻擊B方中段或上段。攻擊有效或無效的同時，再快速地用左後腿的轉身後勾踢技術攻擊B方上段。

要求和注意事項：

目視對方，轉體 180°橫踢攻擊時，轉體動作要迅速，轉身後勾踢時，要在B方受到攻擊還沒有反應過來的瞬間快速踢出，這樣連續2次以上攻擊，效果才會更佳，受力點為腳背、腳前掌、腳後跟。

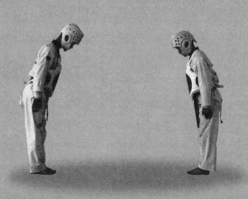

物固其不有長，其不有短，人亦然。
《呂氏春秋.用眾》

連續組合攻擊戰例

開式：Ａ方後腳橫踢，轉體180°
橫踢戰例　攻上、中段

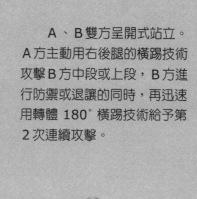

Ａ、Ｂ雙方呈開式站立。
Ａ方主動用右後腿的橫踢技術
攻擊Ｂ方中段或上段，Ｂ方進
行防禦或退讓的同時，再迅速
用轉體 180°橫踢技術給予第
2次連續攻擊。

要求和注意事項：

目視對方，Ａ方在運
用轉體 180°橫踢進行第
2次連續攻擊時，要判斷
好與Ｂ方的距離，如太近
轉體動作時要調整距離，
避免距離太近轉體時與對
方相撞在一起，而根本無
法踢出橫踢技術的問題，
受力點為腳背、腳前掌。

狗不以善吠爲良，人不以善言爲賢。　　莊子

第七十二例

連續組合攻擊戰例

開式：Ａ方墊步劈腿，轉身後
　　　蹬戰例　攻上、中段

A、B雙方呈開式站立。A方主動利用墊步迅速移動接近B方的同時，用右前腿的劈腿技術攻擊B方上段。攻擊成功或攻擊失利的瞬間，再迅速利用左後腿的轉身後蹬技術攻擊B方中段。

要求和注意事項：

目視對方，墊步劈腿動作要連續完成，轉身後蹬時轉體迅速，後蹬動作要有力，受力點為腳後跟、腳前掌。

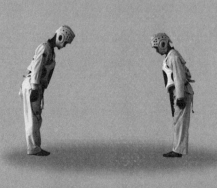

君子見善則遷，有過則改。　　《周易.益象傳》

第七十三例

連續組合攻擊戰例

開式：Ａ方轉體 360°橫踢，
　　　轉身後勾踢戰例
　　　攻中、上段

　　A、B雙方呈開式站立。A方主動用轉體360°橫踢技術攻擊B方中段後，迅速再利用左後腿的轉身後勾踢技術攻擊B方上段。

要求和注意事項：

　　目視對方。轉體360°橫踢技術可用於快速移動接近對方，隱蔽性好，但注意判斷雙方間有效的攻防距離是關鍵，轉身後勾踢要與前一技術緊密相連，形成一個整體，從而增強攻擊的連續性，受力點為腳背、腳前掌、腳後跟。

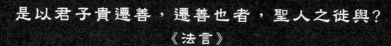

是以君子貴遷善，遷善也者，聖人之徒與？
《法言》

第七十四例

連續組合攻擊戰例

開式：Ａ方轉體 360° 橫踢，轉身
180° 橫踢戰例　攻中段

Ａ、Ｂ雙方呈開式站立。Ａ方主動用轉體360°橫踢技術攻擊Ｂ方中段或上段。攻擊有效或無效的同時，再次利用轉體180°橫踢技術攻擊Ｂ方中段或上段。

要求和注意事項：

目視對方，利用連續轉體 360°橫踢和轉體 180°橫踢技術，主要是針對對方被動避讓連續後退時採取的攻擊模式，判斷雙方間的攻防距離和對方的防守避讓方式尤為關鍵，受力點為腿背、腳前掌。

言必行，行必果。　孔子

連續組合攻擊戰例

開式：Ａ方後腳劈腿，後腳橫
　　踢戰例　攻上段

Ａ、Ｂ雙方呈開式站立。Ａ方主動用右後腿的劈腿技術攻擊Ｂ方上段後，再用左後腿的橫踢技術攻擊Ｂ方上段。

要求和注意事項：

目視對方，劈腿攻擊時要注意提膝快速，下劈時挺腰下壓，橫踢出腿時要迅速，受力點為腳後跟、腳背、腳前掌。

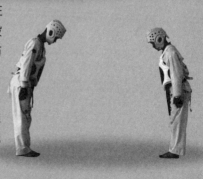

耳聞之不如目見之，目見之不如足踐之。　劉向

第七十六例 連續組合攻擊戰例

開式：Ａ方墊步側踢，後腳劈
腿戰例　攻中、上段

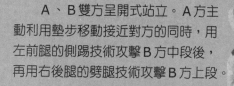

A、B雙方呈開式站立。A方主動利用墊步移動接近對方的同時，用左前腿的側踢技術攻擊B方中段後，再用右後腿的劈腿技術攻擊B方上段。

要求和注意事項：

目視對方，墊步時動作要迅速，側踢時要充分利用墊步移動產生的巨大慣性，一氣完成攻擊，劈腿下壓有力、準確，受力點為腳刀、腳掌、腳後跟。

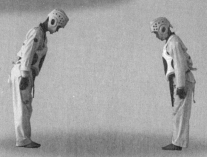

> 莫見乎隱，莫顯乎微，故君子慎獨也。
> 《禮記．中庸》

中國跆拳道 CHINESE TAEKWONDO 實戰100例

第七十七例

連續組合攻擊戰例

開式：Ａ方連續的後腳橫踢戰例
　　　攻中、上段

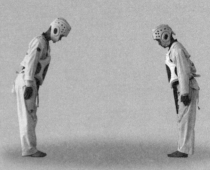

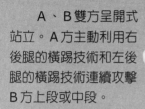

A、B雙方呈開式
站立。A方主動利用右
後腿的橫踢技術和左後
腿的橫踢技術連續攻擊
B方上段或中段。

要求和注意事項：
目視對方，橫踢技術的攻擊
主要是相互間的連續性和攻擊部
位上、中段的不同變化，讓對手
防不勝防尤為關鍵，受力點為腳
背、腳前掌。

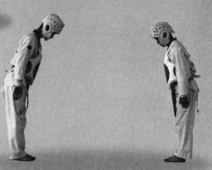

修身以不護短為第一長進。　《呻吟語》

連續組合攻擊戰例

開式：Ａ方墊步劈腿，後腳橫
　　　踢戰例　攻上、中段

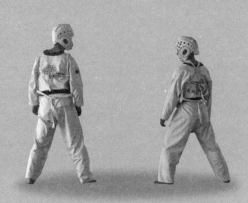

　　Ａ、Ｂ雙方呈開式站立。Ａ
方利用墊步迅速移動接近對方的
同時，迅速用右前腿的劈腿技術
攻擊對方上段後，再用左後腿的
橫踢技術攻擊Ｂ方上段或中段。

要求和注意事項：

　　目視對方，墊步移動和劈腿
攻擊時要連貫快速完成，橫踢時
要注意觀察對方防禦薄弱處，從
而決定攻擊部位，受力點為腳後
跟、腳前掌、腳背。

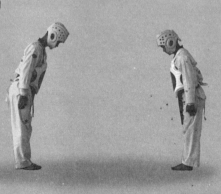

實迷途其未遠，覺今是而昨非。　陶淵明

第七十九例

連續組合攻擊戰例

開式：A方轉體 360° 橫踢，
　　　轉身後蹬戰例　攻中段

　　Ａ、Ｂ雙方呈開式站立。Ａ方主動用轉體360°橫踢技術攻擊Ｂ方中段和上段後，再用左後腿的轉身後蹬技術攻擊Ｂ方中段。

要求和注意事項：

　　目視對方。轉體360°橫踢攻擊時，可利用假動作和其他戰術一定要將與對方的攻防距離調整到有利於自己的時候，快速採取攻擊，轉身後蹬時要在對方站立不穩或處於被動防禦之機，迅速攻擊效果最佳，受力點為腳背、腳前掌、腳後跟。

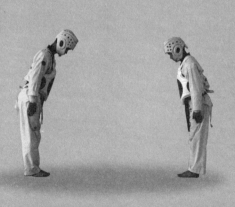

滿招損，謙受益。 《尚書．大禹謨》

第八十例

連續組合攻擊戰例

開式：Ａ方墊步外旋踢，後腳連
　　　續橫踢戰例　攻上、中段

A、B雙方呈開式站立。A
方主動利用墊步移動接近對方的
同時，用右前腿的外旋踢技術攻
擊B方上段後，再使用左後腿的
橫踢技術和右後腿的橫踢技術連
續攻擊B方中段或上段。

要求和注意事項：
目視對方，利用墊步移動
產生的慣性增強打擊力度和進
行突然攻擊是關鍵，連續的橫
踢攻擊是擴大第一次打擊戰果
的補充，受力點為腳刀、腳
背、腳前掌。

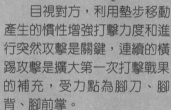

百川有餘水，大海無滿波。其量各相懸，
賢愚不同科。 孟郊

第八十一例

連續組合攻擊戰例

閉式：Ａ方墊步橫踢，雙飛踢戰例
　　　攻中段

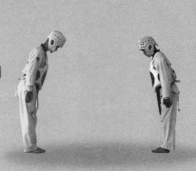

A、B雙方呈閉式站立。A方利用墊步移動接近對方的同時，用右前腿的橫踢技術攻擊B方中段後，迅速用左後腿的橫踢技術和右腿的橫踢技術連續攻擊B方中段（雙飛踢）。

要求和注意事項：

目視對方，墊步橫踢動作要連貫快速，雙飛踢攻擊時，左、右腿應在身體懸空的狀態下迅速完成，動作連續、快速、有力攻擊是本戰例的關鍵，受力點為腳背、腳前掌。

節義傲青雲，文章高白雪，若不以德性陶熔之。
終為血氣之私技能之末。　《菜根譚》

連續組合攻擊戰例

閉式：Ａ方墊步劈腿、橫踢、轉體
180°橫踢戰例　攻上、中段

第八十二例

A、B雙方呈閉式站立。A
方主動利用墊步移動接近對方的
同時，用右前腿的劈腿技術攻擊
B方上段後，再利用墊步移動
時，快速用右前腿的橫踢技術攻
擊B方中段後，又快速用轉體
180°橫踢攻擊B方中段。

要求和注意事項：

目視對方，連續利用前腿和
墊步的配合技術主動攻擊對方，
判斷對方避讓的速度和距離、方
向很重要，轉體 180°橫踢動作
要與前兩腿的進攻有機配合，不
可停頓，受力點為腳後跟、腳
背、腳前掌。

敏而好學，不恥下問。　孔子

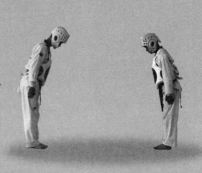

連續組合攻擊戰例

閉式：Ａ方轉體 180°橫踢，轉身
　　　後蹬、橫踢戰例　攻中段

Ａ、Ｂ雙方呈閉式站立。Ａ方主動用轉體180°橫踢技術攻擊Ｂ方中段後迅速轉身,用左後腿的後蹬技術攻擊Ｂ方中段時,再用右腿的橫踢技術第３次攻擊Ｂ方上段或中段。

要求和注意事項：

目視對方,轉體 180°橫踢攻擊是重點,第１次攻擊要快速準確,掌握場上主動後,再利用轉身後蹬和橫踢的變化攻擊,擴大進攻戰果是關鍵,受力點為腳背、腳前掌、腳後跟。

博學之,審問之,慎思之,明辨之,篤行之。
《禮記.中庸》

第八十四例　連續組合攻擊戰例

閉式：Ａ方雙飛踢、轉體180°
　　　橫踢戰例　攻中段

　　Ａ、Ｂ雙方呈閉式站立。Ａ方主動用左後腿的橫踢技術和右腿的橫踢技術同時快速攻擊Ｂ方中段（雙飛踢）的同時，迅速用轉體180°橫踢進行第２次攻擊，攻擊Ｂ方中段。

要求和注意事項：

　　目視對方，Ａ方的雙飛踢攻擊要連貫快速，身體處於懸空狀態進行兩腿攻擊是該技術的難點，轉體180°橫踢攻擊時，要準確判斷對方的位置，這樣攻擊收效會增大，受力點為腳前掌、腳背。

堅志而勇為，謂之剛，人生之德也。　　戚繼光

中國跆拳道 CHINESE TAEKWONDO
實戰100例

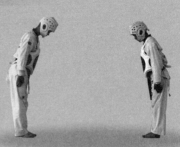

第八十五例

連續組合攻擊戰例

閉式：Ａ方墊步劈腿、橫踢、
　　　劈腿戰例　攻上、中段

Ａ、Ｂ雙方呈閉式
站立。Ａ方主動利用墊
步往前移動的同時，用
右前腿的劈腿技術攻擊
Ｂ方上段後，再迅速用
左後腿的橫踢技術攻擊
Ｂ方中段，最後再接著
用右腿的劈腿進行第３
次攻擊，攻擊Ｂ方上
段。

要求和注意事項：

目視對方，利用墊步
快速移動的慣性增加打擊
力度和攻擊的突然性是關
鍵，隨後的橫踢、劈腳技
術要一氣呵成，連續進
攻，不可讓對方有絲毫的
喘息之機，受力點為腳後
跟、腳背、腳前掌。

高行微言，所以修身。　《素書》

第八十六例 連續組合攻擊戰例

開式：Ａ方墊步側踢，雙飛踢
　　　戰例　攻中段

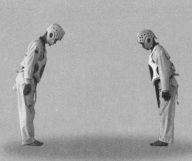

A、B雙方呈開式站立。A方在墊步移動接近對方的同時，利用左前腿的側踢技術攻擊B方中段後，迅速用左後腿的橫踢和右腿的橫踢技術連續進攻B方中段。

要求和注意事項：

目視對方，墊步移動側踢攻擊要突然迅速，接下來雙飛踢技術兩腿的連續性是關鍵，受力點為腳刀、腳掌、腳背。

業精於勤而荒於嬉。

第八十七例

連續組合攻擊戰例

開式：Ａ方後腿橫踢，雙飛踢戰例
攻中段

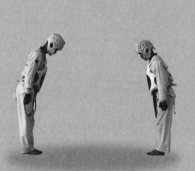

Ａ、Ｂ雙方呈開式站立。Ａ
方主動用右後腿的橫踢技術攻擊
Ｂ方中段後，Ａ方再快速連續用
雙飛踢攻擊Ｂ方中段。

要求和注意事項：

目視對方，Ａ方的後腿橫踢
技術可作為假動作，也可快速攻
擊成功，接下來的雙飛踢連續攻
擊是難點和重點，受力點為腳
背、腳前掌。

決弗敢行者，百事之禍也。

《史記．淮陰侯列傳》

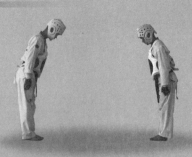

第八十八例

連續組合攻擊戰例

開式：Ａ方後腿劈腿、轉體180°
橫踢、轉身後踢戰例　攻
上、中段

A、B雙方呈開式站立。A方主動用右後腿的劈腿技術攻擊B方上段後,再用轉體180°橫踢技術攻擊B方中段,最後再用左腿的轉身後踢攻擊B方中段。

要求和注意事項:

目視對方,上述3個腿法的進攻一定要判斷對方的位置和攻擊的部位,做到有的放矢方可取得成效,受力點為腳後跟、腳前掌、腳背、腳前掌。

惟克果斷,乃罔後艱。　《尚書》

第八十九例

連續組合攻擊戰例

開式：Ａ方墊步劈腿、橫踢、轉
身後蹬戰例　攻上、中段

A、B雙方呈開式站立。A方利用墊步向前移動接近對方的同時，用右前腿的劈腿技術攻擊B方上段後，再用左腿的橫踢技術攻擊B方中段或上段時，第3次利用轉身後蹬技術攻擊B方上段或中段。

要求和注意事項：

目視對方，A方採取主動進攻過程中，上述3個腿法的有機配合以及判斷B方在受到攻擊時的防禦、避讓反應狀況是必需的，只有準確判斷對手的反應，自己的進攻才會更具有針對性，受力點為腳後跟、腳前掌、腳背、腳掌。

弈者舉棋不定，不勝其偶。 《左傳》

195

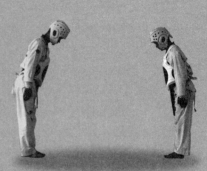

第九十例

連續組合攻擊戰例

開式：Ａ方雙飛踢、橫踢戰例
　　　攻中段

A、B雙方呈開式站立。A方利用右後腿的橫踢技術和左腿的橫踢技術連續攻擊（雙飛踢）B方中段後，用右腿的橫踢技術再次攻擊B方中段或上段。

要求和注意事項：

目視對手，A方的雙飛踢攻擊要快速、連貫、有力，兩腿應在身體懸空時快速完成，在對方立足未穩時，最後的右腿橫踢攻擊應是準確性、力度高度統一的重創性腿法，受力點為腳背、腳前掌。

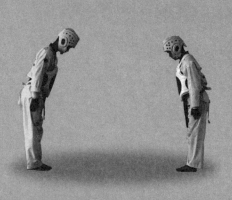

季文子三思而後行。　《論語.公冶長》

中國跆拳道 實戰100例　CHINESE TAEKWONDO

第九十一例

連續組合攻擊戰例

閉式：Ａ方四飛踢戰例　攻中段

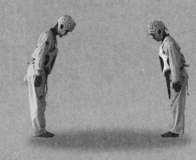

198

A、B雙方呈閉式站立。A方主動進攻B方時，利用身體騰空前行的瞬間，分別用左、右腿的橫踢技術連續4次攻擊B方中段。

要求和注意事項：

目視對方，4飛踢攻擊技術的關鍵就在於攻擊時的爆發力要強，身體懸空時4腿連續攻擊要瞬間完成，髖關節的靈活性尤為重要，受力點為腳背。

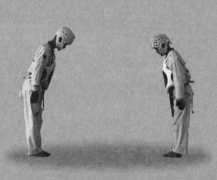

事不三思終有悔。 明 馮夢龍

第九十二例

連續組合攻擊戰例

閉式：Ａ方墊步橫踢、轉身後蹬、
　　　雙飛踢戰例
　　　攻中段

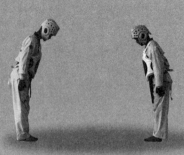

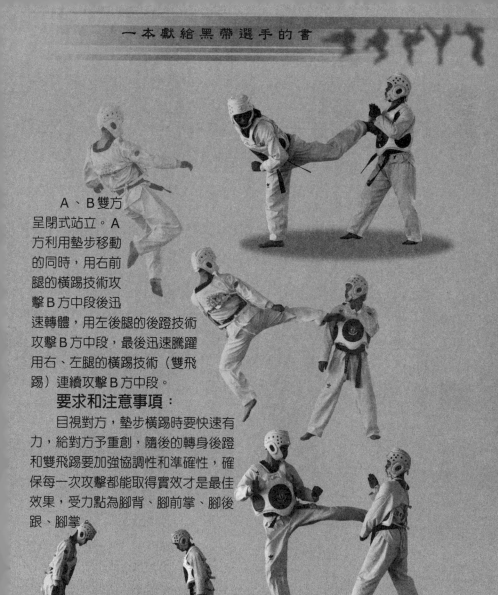

A、B雙方呈閉式站立。A方利用墊步移動的同時，用右前腿的橫踢技術攻擊B方中段後迅速轉體，用左後腿的後蹬技術攻擊B方中段，最後迅速騰躍用右、左腿的橫踢技術（雙飛踢）連續攻擊B方中段。

要求和注意事項：

目視對方，墊步橫踢時要快速有力，給對方予重創，隨後的轉身後蹬和雙飛踢要加強協調性和準確性，確保每一次攻擊都能取得實效才是最佳效果，受力點為腳背、腳前掌、腳後跟、腳掌。

不能克躬勵己，何以成立。
《隋書．皇甫紀傳》

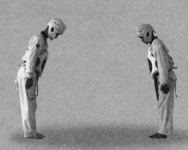

第九十三例

連續組合攻擊戰例

閉式：Ａ方後腿劈腿、轉身後蹬、
　　　雙飛踢戰例
　　　攻上、中段

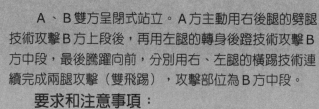

　　Ａ、Ｂ雙方呈閉式站立。Ａ方主動用右後腿的劈腿技術攻擊Ｂ方上段後，再用左腿的轉身後蹬技術攻擊Ｂ方中段，最後騰躍向前，分別用右、左腿的橫踢技術連續完成兩腿攻擊（雙飛踢），攻擊部位為Ｂ方中段。

要求和注意事項：

　　目視對方，右後腿的劈腿技術要攻擊迅速，左腿的轉後蹬要緊追對方，最後的雙飛踢要準確、快速、有力，這樣上述腿法的組合攻擊效果才能實現，受力點為腳後跟、腳前掌、腳刀。

虛己而樂聞。　劉禹錫

第
九
十
四
例

連續組合攻擊戰例

閉式：A方轉體 180° 橫踢、轉身後
蹬、橫踢、劈腿戰例　攻中、
上段

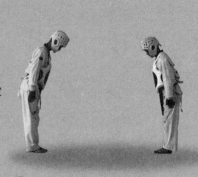

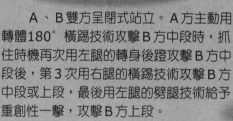

　　Ａ、Ｂ雙方呈閉式站立。Ａ方主動用轉體180°橫踢技術攻擊Ｂ方中段時，抓住時機再次用左腿的轉身後蹬攻擊Ｂ方中段後，第３次用右腿的橫踢技術攻擊Ｂ方中段或上段，最後用左腿的劈腿技術給予重創性一擊，攻擊Ｂ方上段。

要求和注意事項：

　　目視對方，掌握攻擊節奏、把握攻擊的主動權是連續組合進攻的關鍵，受力點為腳背、腳前掌、腳刀、腳掌、腳後跟。

江海所以能爲百谷王者，以其善下之。　老子

第九十五例

連續組合攻擊戰例

閉式：Ａ方雙飛踢、連續轉身 180°
橫踢戰例　攻中段

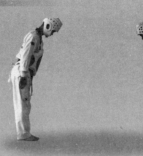

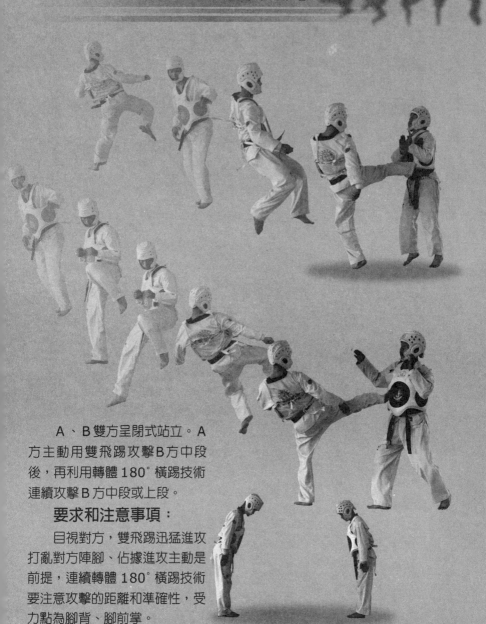

　　Ａ、Ｂ雙方呈閉式站立。Ａ方主動用雙飛踢攻擊Ｂ方中段後，再利用轉體180°橫踢技術連續攻擊Ｂ方中段或上段。

要求和注意事項：

　　目視對方，雙飛踢迅猛進攻打亂對方陣腳、佔據進攻主動是前提，連續轉體180°橫踢技術要注意攻擊的距離和準確性，受力點為腳背、腳前掌。

弄潮兒向濤頭立，手把紅旗旗不濕。　潘閬

■　單腳攻擊、連續組合性反擊戰例

第九十六例

單腳攻擊、
連續組合性反擊戰例

開式：A方後腿橫踢攻擊，B方180°
　　　橫踢、雙飛踢戰例

A、B雙方呈開式站立。A方主動用右後腿
的橫踢進攻B方。B方在A方進攻之機迅速左後
轉體180°用右腿的橫踢技術反擊A方中段後，
乘勝追擊，連續用左腿的橫踢技術和右腿的橫踢
技術（雙飛踢）快速攻擊A方中段。

要求和注意事項：

目視對方，B方在反擊
時要注意做到後發而先至，
這就要求B方對A方的進攻
方向和攻擊線路要判斷準
確，反擊動作要迅速有力，
連貫，受力點為腳背、腳前
掌。

見義不為，無勇也。　《論語》

第九十七例

單腳攻擊、
連續組合性反擊戰例

開式：Ａ方後腿橫踢攻擊，Ｂ方
　　　轉身後蹬、雙飛踢、轉身
　　　180°橫踢反擊戰例

A、B雙方呈開式站立。A方主動用左後腿的橫踢技術攻擊B方。B方在A方攻擊腿未踢到自己之前，迅速右後轉體，用右腿的側踢技術攻擊A方中段，同時快速用雙飛踢技術進攻A方中段，最後再用轉體180°橫踢技術追擊A方中段。

要求和注意事項：

目視對方，B方在面對A方進攻時要冷靜沉著判斷要準確，反擊時動作要穩、準、狠、快，只有第1次反擊把握了進攻主動權，隨後的連續反擊才會有效果，受力點為腳刀、腳背、腳前掌。

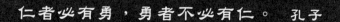

仁者必有勇，勇者不必有仁。　孔子

第九十八例

單腳攻擊、
連續組合性反擊戰例

開式：Ａ方後腿劈腿攻擊，Ｂ方
梭步後退劈腿、橫踢反擊
戰例

　　Ａ、Ｂ雙方呈開式站立。Ａ方主動
用右後腿劈腿技術發動攻擊。Ｂ方面對
Ａ方進攻，用梭步稍稍往後避開Ａ方進
攻時，快速用左後腿的劈腿技術反擊Ａ
方上段或中段的同時，緊接著用右腿的
橫踢技術攻擊Ａ方中段或上段。

要求和注意事項：

　　目視對方，Ｂ方在用梭步
後退避讓對方進攻時，身體重
心要平穩不可後靠，這樣不利
於快速使用後腿劈腿反擊技術
，受力點為腳後跟、腳前掌、
腳背。

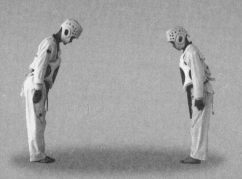

克 己 所 以 制 怒 ， 明 理 所 以 制 懼 。　《宋 元 學 案》

實戰100例

單腳攻擊、
連續組合性反擊戰例

開式：Ａ方墊步劈腿攻擊、Ｂ方
　　　退步轉體180°橫踢反擊
　　　戰例

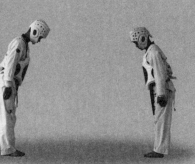

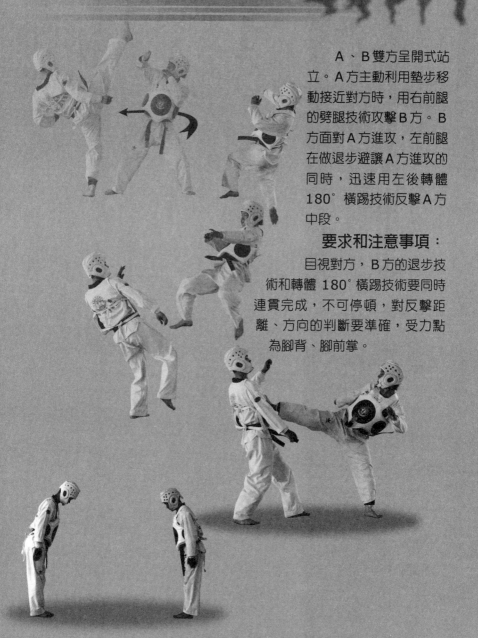

A、B雙方呈開式站立。A方主動利用墊步移動接近對方時，用右前腿的劈腿技術攻擊B方。B方面對A方進攻，左前腿在做退步避讓A方進攻的同時，迅速用左後轉體180°橫踢技術反擊A方中段。

要求和注意事項：

目視對方，B方的退步技術和轉體180°橫踢技術要同時連貫完成，不可停頓，對反擊距離、方向的判斷要準確，受力點為腳背、腳前掌。

做人不可以有傲態，不可無傲骨。　清　陸隴其

第一百例

單腳攻擊、
連續組合性反擊戰例

開式：Ａ方後腿橫踢攻擊，Ｂ方轉
身後蹬、橫踢、雙飛踢反擊
戰例

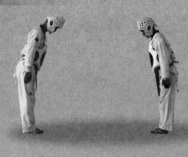

A、B雙方呈開式站立。A方主動用左後腿的橫踢技術攻擊B方，B方在A方攻擊尚未得逞的同時，迅速右後轉體，用右腿的側踢技術反擊A方中段後，再用左腿的橫踢技術攻擊A方中段或上段，最後騰空前移，用右、左腿的橫踢技術（雙飛踢）連續攻擊A方中段。

要求和注意事項：
目視對方，B方的第一反擊技術轉身側踢是本戰例的關鍵，只有第一反擊有效，隨後的連續攻擊才可能成功和有效，而隨後的攻擊動作也必須注意連續迅猛，這樣才可能收到相應的反擊效果，受力點為腳刀、腳掌、腳背。

聖人不貴尺之璧，而重寸之陰，時難得而易失也。　《淮南子.元道訓》

修 路 工 人

（代後記）

　　從雲南古城建水出發，我們一行8人乘座的麵包車在崎嶇蜿蜒的山路上爬行。因為修路，4個小時我們僅僅走了40～50公里。麵包車身後揚起濃濃的黃色灰塵，彌漫在車廂內。晌午的山間路上，氣溫高達30攝氏度左右，煩悶的空氣讓人昏昏欲睡。忽然，我眼前一亮，在大山裏走了一個上午終於看到一個人了。在路邊是一個頭戴草帽、上身穿右肩補了灰色補丁的藍色中山裝，下身穿綠灰軍褲的修路工人。他弓著腰，左手提著一個黑色的橡皮桶，右手拿著泥刀，正在小心翼翼地抿刷著路邊排水槽的邊緣部分，許多路段的排水槽都被雜亂的野草和滑落的土、石所遮蓋。有誰會注意到，又有誰在乎這排水槽的邊是否平整光滑。更不會有人知道，這排水槽的邊是一個不知名的修路工人在晌午1點時分弓著腰，一毫米、一公分地抿刷出來的！

　　這不正是我們所說的認真嗎。認真對待自己的工作，認真的對待自己，認真地完成每一次訓練，認真地做好每一個動作，無論教練是否在場！無論有無領導監督……認真不就是一種責任，認真不就是一種奉獻嗎。認真不就是一種敬業的精神嗎。我們做好工作、我們想取得優異的運動成績，要贏得跆拳道世界冠軍不正需要這樣一種韌性和執著嗎。……

　　我使勁地把頭扭向後邊，看著修路工人的身影在濃濃的灰塵中模糊退去，在心裏，修路工人的身影卻越來越清晰，越來越高大！……

岳維傳頓首

2002年11月24日

大展出版社有限公司
品冠文化出版社

圖書目錄

地址：台北市北投區(石牌)
致遠一路二段 12 巷 1 號
郵撥：01669551＜大展＞
19346241＜品冠＞

電話： (02) 28236031
28236033
28233123
傳真： (02) 28272069

・少 年 偵 探・品冠編號 66

1.	怪盜二十面相	（精）	江戶川亂步著	特價	189 元
2.	少年偵探團	（精）	江戶川亂步著	特價	189 元
3.	妖怪博士	（精）	江戶川亂步著	特價	189 元
4.	大金塊	（精）	江戶川亂步著	特價	230 元
5.	青銅魔人	（精）	江戶川亂步著	特價	230 元
6.	地底魔術王	（精）	江戶川亂步著	特價	230 元
7.	透明怪人	（精）	江戶川亂步著	特價	230 元
8.	怪人四十面相	（精）	江戶川亂步著	特價	230 元
9.	宇宙怪人	（精）	江戶川亂步著	特價	230 元
10.	恐怖的鐵塔王國	（精）	江戶川亂步著	特價	230 元
11.	灰色巨人	（精）	江戶川亂步著	特價	230 元
12.	海底魔術師	（精）	江戶川亂步著	特價	230 元
13.	黃金豹	（精）	江戶川亂步著	特價	230 元
14.	魔法博士	（精）	江戶川亂步著	特價	230 元
15.	馬戲怪人	（精）	江戶川亂步著	特價	230 元
16.	魔人銅鑼	（精）	江戶川亂步著	特價	230 元
17.	魔法人偶	（精）	江戶川亂步著	特價	230 元
18.	奇面城的秘密	（精）	江戶川亂步著	特價	230 元
19.	夜光人	（精）	江戶川亂步著	特價	230 元
20.	塔上的魔術師	（精）	江戶川亂步著	特價	230 元
21.	鐵人Q	（精）	江戶川亂步著	特價	230 元
22.	假面恐怖王	（精）	江戶川亂步著	特價	230 元
23.	電人M	（精）	江戶川亂步著	特價	230 元
24.	二十面相的詛咒	（精）	江戶川亂步著	特價	230 元
25.	飛天二十面相	（精）	江戶川亂步著	特價	230 元
26.	黃金怪獸	（精）	江戶川亂步著	特價	230 元

・生 活 廣 場・品冠編號 61

1.	366 天誕生星	李芳黛譯	280 元
2.	366 天誕生花與誕生石	李芳黛譯	280 元
3.	科學命相	淺野八郎著	220 元
4.	已知的他界科學	陳蒼杰譯	220 元

5.	開拓未來的他界科學	陳蒼杰譯	220 元
6.	世紀末變態心理犯罪檔案	沈永嘉譯	240 元
7.	366 天開運年鑑	林廷宇編著	230 元
8.	色彩學與你	野村順一著	230 元
9.	科學手相	淺野八郎著	230 元
10.	你也能成為戀愛高手	柯富陽編著	220 元
11.	血型與十二星座	許淑瑛編著	230 元
12.	動物測驗—人性現形	淺野八郎著	200 元
13.	愛情、幸福完全自測	淺野八郎著	200 元
14.	輕鬆攻佔女性	趙奕世編著	230 元
15.	解讀命運密碼	郭宗德著	200 元
16.	由客家了解亞洲	高木桂藏著	220 元

・女醫師系列・品冠編號 62

1.	子宮內膜症	國府田清子著	200 元
2.	子宮肌瘤	黑島淳子著	200 元
3.	上班女性的壓力症候群	池下育子著	200 元
4.	漏尿、尿失禁	中田真木著	200 元
5.	高齡生產	大鷹美子著	200 元
6.	子宮癌	上坊敏子著	200 元
7.	避孕	早乙女智子著	200 元
8.	不孕症	中村春根著	200 元
9.	生理痛與生理不順	堀口雅子著	200 元
10.	更年期	野末悅子著	200 元

・傳統民俗療法・品冠編號 63

1.	神奇刀療法	潘文雄著	200 元
2.	神奇拍打療法	安在峰著	200 元
3.	神奇拔罐療法	安在峰著	200 元
4.	神奇艾灸療法	安在峰著	200 元
5.	神奇貼敷療法	安在峰著	200 元
6.	神奇薰洗療法	安在峰著	200 元
7.	神奇耳穴療法	安在峰著	200 元
8.	神奇指針療法	安在峰著	200 元
9.	神奇藥酒療法	安在峰著	200 元
10.	神奇藥茶療法	安在峰著	200 元
11.	神奇推拿療法	張貴荷著	200 元
12.	神奇止痛療法	漆浩 著	200 元

・常見病藥膳調養叢書・品冠編號 631

1.	脂肪肝四季飲食	蕭守貴著	200 元

2. 高血壓四季飲食	秦玖剛著	200 元
3. 慢性腎炎四季飲食	魏從強著	200 元
4. 高脂血症四季飲食	薛輝著	200 元
5. 慢性胃炎四季飲食	馬秉祥著	200 元
6. 糖尿病四季飲食	王耀獻著	200 元
7. 癌症四季飲食	李忠著	200 元
8. 痛風四季飲食	魯焰主編	200 元
9. 肝炎四季飲食	王虹等著	200 元
10. 肥胖症四季飲食	李偉等著	200 元
11. 膽囊炎、膽石症四季飲食	謝春娥著	200 元

·彩色圖解保健· 品冠編號 64

1. 瘦身	主婦之友社	300 元
2. 腰痛	主婦之友社	300 元
3. 肩膀痠痛	主婦之友社	300 元
4. 腰、膝、腳的疼痛	主婦之友社	300 元
5. 壓力、精神疲勞	主婦之友社	300 元
6. 眼睛疲勞、視力減退	主婦之友社	300 元

·心 想 事 成· 品冠編號 65

1. 魔法愛情點心	結城莫拉著	120 元
2. 可愛手工飾品	結城莫拉著	120 元
3. 可愛打扮 & 髮型	結城莫拉著	120 元
4. 撲克牌算命	結城莫拉著	120 元

·熱 門 新 知· 品冠編號 67

1. 圖解基因與 DNA	(精)	中原英臣 主編	230 元
2. 圖解人體的神奇	(精)	米山公啟 主編	230 元
3. 圖解腦與心的構造	(精)	永田和哉 主編	230 元
4. 圖解科學的神奇	(精)	鳥海光弘 主編	230 元
5. 圖解數學的神奇	(精)	柳 谷 晃 著	250 元
6. 圖解基因操作	(精)	海老原充 主編	230 元
7. 圖解後基因組	(精)	才園哲人 著	230 元

·法律專欄連載· 大展編號 58

台大法學院　　法律學系／策劃
　　　　　　　　法律服務社／編著

1. 別讓您的權利睡著了(1)	200 元
2. 別讓您的權利睡著了(2)	200 元

國家圖書館出版品預行編目資料

中國跆拳道實戰100例 / 岳維傳 著
一初版一臺北市：大展 ， 2004【民93】
　　面 ； 21公分 一（武術特輯；3）
　　ISBN957-327-3（平裝）
1.跆拳道

528.977　　　　　　　　　　　93012016

中國跆拳道實戰100例　　ISBN 957-468-327-3

著　　者 / 岳維傳
責任編輯 / 張建林
動作演示 / 張正男、楊俊宏
發 行 人 / 蔡森明
出 版 者 / 大展出版社有限公司
社　　址 / 台北市北投區（石牌）致遠一路2段12巷1號
電　　話 / （02）28236031·28236033·28233123
傳　　真 / （02）28272069
郵政劃撥 / 01669551
網　　址 / www.dah-jaan.com.tw
E - mail / service@dah-jaan.com.tw
登 記 證 / 局版臺業字第2171號
承 印 者 / 高星印刷品行
裝　　訂 / 協億印製廠股份有限公司
排 版 者 / 順基國際有限公司
初版1刷 / 2004年（民93年）10月　　　　定價 / 220元

大展好書　好書大展
品嘗好書　冠群可期